KB218459

프레임
수업

그리스도인이 반드시 갖추어야 할 성경적 세계관 입문서

프레임 수업

초판 1쇄 인쇄 2021년 3월 8일
초판 1쇄 발행 2021년 3월 12일

지은이 이광배

발행인 백유미 조영석
발행처 (주)라온아시아
주소 서울특별시 서초구 효령로34길 4, 프린스효령빌딩 5F

등록 2016년 7월 5일 제 2016-000141호
전화 070-7600-8230 **팩스** 070-4754-2473

값 14,000원
ISBN 979-11-91283-27-3 (03230)

그리스도인이 반드시 갖추어야 할 성경적 세계관 입문서

이광배 지음

passover

들어가는 글

지금은 프레임 전쟁 중

여러분은 이 시대의 풍조를 본받지 말고, 마음을 새롭게 함으로 변화를 받아서, 하나님의 선하시고 기뻐하시고 완전하신 뜻이 무엇인지를 분별하도록 하십시오.(롬 12:2, 새번역)

애굽을 탈출해 광야에 들어선 이스라엘 백성은 황량한 사막과 하나님 임재의 상징인 성막 외엔 달리 볼 것이 없었습니다. 하지만 앞으로 들어갈 가나안 땅은 젖과 꿀이 흐르는 풍요로운 땅입니다. 다양한 족속, 광야에서 경험하지 못한 앞선 문화, 여러 종교와 화려해 보이는 우상과 제단 건축물이 광야 생활에 찌든 그들의 오감을 어지럽힐 것입니다. 이 모든 것을 미리 아신 하나님은 모세를 통해 가나안의 우상에 흔들리지 말고 하나님 백성의 정체성을 잃지 않도록 철저히 하나님의 법을 반복해서 가르치셨습니다.

지금 세대는 마치 아무것도 볼 것 없는 광야에서 화려한 가나안에 입성하던 당시의 이스라엘 백성과 상당히 유사합니다. 이스라엘은 광야에서 가나안으로 입성하면서 세속의 유혹과 만났지만, 우리는 가만히 앉아만 있어도 가나안의 우상의 물결이 가정으로 교회로 사회로 밀려든다는 점이 다를 뿐입니다. 전방 초소에 가면 '졸면 죽는다'라는 표어가 있습니다. 정신을 바짝 차리지 않으면 세상 가치와 기준에 온통 물들어 영적으로 죽음에 이를 수도 있습니다.

흐름에서 뒤처진 21세기 교회,
역전의 포인트를 잡아라

교회가 세상 앞에서 리드하던 시대를 지나 이제는 세상에 그 자리를 빼앗겼습니다. 그뿐만 아니라 세상 흐름에 뒤따라가기도 힘들어하는 실정입니다. 이를 만회하고자 세상에서 좋다는 행사나 이벤트를 도입하려 애쓰지만 역부족입니다. 일시적이고 반짝 효과일 뿐, 교회의 본질과 신앙의 본질을 다시 세워 세상 흐름에 맞서기에는 턱없이 부족합니다. 너무나도 다양하고 복잡해진 여러 프레임에 일일이 대응할 수도, 심지어 정확히 이해조차 하기도 힘든 상황입니다. 자신도 중심을 못 잡고 있는데 어떻게 자녀를 가르칠 수 있을까요? 어디서부터 시작해야 할까요? 이런 때일수록 기본으로 돌아가야 합니다. 본질을 찾아야 합니다.

가나안에 들어가기 전에 율법으로 하나님 백성의 정체성을 끊임없이 훈련받은 것처럼, 나와 자녀들이 가나안의 화려한 우상에 현혹되지 않도록 철저히 준비해야 합니다. 먼저 신앙의 중심을 잡아야 합니다. 말씀으로 신앙의 프레임(Frame)을 든든히 다져나가야 합니다. 어떤 유혹과 세상적인 기준, 가치에도 흔들리지 않는 든든한 프레임을 갖추고 대비해야 합니다. 그 신앙 회복의 첫걸음은 바로 말씀의 프레임을 바로 세우는 일입니다.

성경적 프레임을 갖추게 하는 쉽고 친절한 안내서

1990년대 초반, 컴퓨터 소프트웨어 개발회사에 입사할 당시, IT 분야 특히 소프트웨어 분야는 거대한 격변의 시기였습니다. 선배들이 공부하고 경험했던 대부분이 무용지물이 될 정도로 빠르게 변화하며 새로운 기술이 쏟아져 나왔습니다. 당시 컴퓨터와 소프트웨어는 모두 문자(Text) 기반이었습니다. 모니터에 그림이 나온다는 것을 떠올리지 못하던 당시에 윈도(Window) 시스템이 새로 등장했고, 모든 화면 출력은 지금처럼 그래픽 기반으로 바뀌었습니다. 그 무렵, 컴퓨터 자료를 저장하는 관계형 데이터베이스의 출현으로 방대한 자료의 체계적 저장에도 새로운 길이 열렸습니다. 이렇게 기술은 눈부시게 변하는데 지금처럼 인터넷도 없고 전문가를 만나기도 어려워 그저 일찍 출간되는 기술 서적에 의존하던 때였습니다.

신입사원 시절, 제 별명은 '꽝쩜씨(Kwang.c)'였습니다. 잘 아는 사람도 없고 물어볼 곳도 마땅히 없고 지금처럼 인터넷도 없던 신입사원 시절, 회사에서 새 과제가 나오면 제일 먼저 책을 사서 공부해 동기들이 참고할 수 있는 샘플을 만들어 공유하곤 했습니다. 그 샘플 파일명을 꽝쩜씨로 명명해 공유하면 동료나 후배들이 그것을 기반으로 쉽게 배우고 이해해서 각자의 맡은 부분에 적용하여 해결하는 일이 반복되었습니다. 동기들의 칭찬과 감사 표시에 고무되어 늘 새 과제가 나오면 누가 시키지 않아도 먼저 샘플을 만드느라 스트레스를 받곤 했습니다.

상업용 소프트웨어에는 기본적으로 매뉴얼이 제공됩니다. 매뉴얼을 잘 읽으면 새 기술이나 서비스, 제품을 잘 이해하고 쉽게 적용할 수 있습니다. 이 매뉴얼을 보며 한편으로 이런 생각이 들었습니다.

'신앙에도 매뉴얼이 있어 미리 준비해두면 얼마나 좋을까? 앞으로 광야에 홀로 서게 될 자녀들에게 후배들에게 견고한 신앙의 프레임을 갖추게 해줄 수만 있다면 얼마나 좋을까? 교회에서 상처받고, 광야를 만나면서, 하나님에 대한 사랑이 식으면서 교회를 떠난 수많은 선배와 친구들에게 전해줄 좋은 신앙의 프레임이 있다면 얼마나 좋을까?'

이 생각은 원고를 쓰는 내내 제 영혼에 밀려들었던 아쉬움과 아픔이었습니다.

코로나19로 진정한 21세기가 시작되었다고들 합니다. 하지만 그리스도인의 프레임이 없는 그리스도인에게는 난세 중의 난세가 시작되었을 뿐입니다. 진리와 상식이 무너졌고 개인 각자가 자기만의 행복을 추구하는 시대에 그리스도인들은 어떤 세계관과 프레임을 가져야 할까요?

학창시절 국어 시간에 본문이 길면, 한 번에 읽고 이해하기 어려워 문단을 몇 개의 단락으로 나누어 한 단락씩 정리하던 생각이 납니다. 소프트웨어도 마찬가지로 너무 덩치가 커서 한 덩어리로 분석하기 어렵다면, 이를 작은 단위로 쪼개 하나씩 차례로 이해해가며 분석하다가 결국 전체 구조가 완성됩니다. 이런 방식을 '분할 정복(Divide and conquer)' 기법이라고 합니다. 성경은 40여 명의 인간 저자가 약 3,500년 동안 쓴 것을 모아놓은 책으로 그 내용이 방대해 한 번에 이해하기 쉽지 않습니다. 이를 중심 주제로 나누어 그중 뼈대가 되는 '창조-타락-구속-하나님 나라' 프레임으로 구분한 다음, 하나씩 이해해가도록 구성했습니다.

저는 30여 년을 비즈니스 현장에 있었습니다. 사업과 삶의 최전선에서 위기 때마다 현실 문제에만 빠져 매몰될 뻔한 그리스도인의 삶을 매번 새롭게 잡아준 것은 바로 성경적 프레임(세계관)이었습니다. 이 책은 특별히 처음 믿음의 길을 시작하는 분들에게 성경이 세상을 바라보는 큰 프레임을 한눈에 접할 수 있도록 돕는 역할을 해줄 것입니다. 자녀들과 후배들을 위해, 새신자를 위해 성경 말씀을 쉽게 전달할 수 있는 기초입문서 역할을 해

주리라 기대합니다. 또한 오랫동안 신앙생활을 했어도 스스로 성경 전체를 묵상하지 못했던 분들에게 성경의 핵심 뼈대를 세우고 말씀을 통해 하나님과 깊은 만남을 시작하도록 안내할 수 있기를 기대하며 정리했습니다. 이 책을 읽은 후 독자 스스로 말씀을 가까이하고 묵상하며, 말씀이신 하나님께서 세밀히 우리 삶을 인도하는 소중한 경험을 직접 쌓아가길 기대합니다.

평생 신앙의 본을 보여주고 계신 존경하는 부모님, 오빠를 대신해 미국 땅에서 부모님을 모시는 동생 미옥, 늘 묵묵히 기도해 주는 든든한 아내 한광숙 집사와 사랑하는 두 딸 윤지, 윤미에게 감사의 인사를 전합니다.

이광배

차 례

2장 인생 최상의 프레임으로 무장하라

2부

하나님의 눈으로 세상을 보다

1장 인생의 길을 묻다

2장 세상을 바라보는 다양한 시각

3장 창조

4장 타락

5장 구속

6장 하나님 나라

1부

프레임을 바꾸면 인생도 바뀐다

1장

광야에
홀로 섰을 때

안나스와 가야바가 대제사장으로 있을 때에 하나님의 말씀이 빈 들에서
사가랴의 아들 요한에게 임한지라(눅 3:2)

세상은 21세기,
교회는 여전히 20세기

"나가면 축구! 들어오면 성가대!" 제가 중고등학교 시절, 교회 유행어였습니다. 방과 후에 갈 곳이 교회밖에 없었습니다. 교회 와서도 절기나 행사 기간을 제외하면, 평소 할 일은 그저 골목길에서 축구를 하거나 교회 안에서는 성가대 연습 외에는 딱히 없었습니다. 그래서 요즘 성가 연습을 해보면, 50대들이 젊은 세대보다 악보 보는 일에 조금 더 능숙합니다.

70, 80년대는 교회가 뭐든지 앞서갔고, 새로운 일들은 언제나 교회를 통해 시작되었습니다. 찬양제, 문학의 밤, 부활절과 성탄절 칸타타, 새벽송, 성극, 각종 발표회 등의 문화 행사뿐 아니라, 불우이웃돕기, 교육, 사회봉사 등 교회가 지역사회의 본이 되었습니다. 교회에 다니는 것만으로 부러움의 대상이 되었습니다. 애써 설득할 필요 없이 전도할 수 있었습니다. 그냥 교회 한번

가보자, 하면 그만이었습니다. 처음에는 신앙 없이 와서 행사와 교회 문화에 흥미를 느끼고 계속 다니다 보면 언제인지 모르게 기도와 말씀을 접하고 결국 믿는 자가 되었습니다. 그물만 던지면 한가득 물고기가 잡혀 올라오는 황금어장처럼 사람들을 쉽게 교회로 모을 수 있었습니다. 한마디로 한국 기독교의 전성기였습니다.

1980년대 중고등학교 시절, 70~80명이 콩나물시루처럼 한 반에서 공부하던 때 우리는 주입식 교육을 받으면서 선생님의 가르침을 절대 기준으로 생각하며 마치 명령에 복종하듯 학창시절을 보냈습니다. 교회에서도 지침 하나로, 교재 한 권으로 학생회 전체를 가르치고 통제해도 별문제가 없었습니다. 진리는 오직 하나라고 생각했고, 개성보다는 공동체성을 앞세웠습니다. 대부분 같은 생각을 하길 원했고 개성이 강하면 공동체에서 배척받기도 했습니다.

이제 21세기가 시작된 지도 벌써 오래됐습니다. 교회의 신앙 프레임은 그동안의 외형 급성장에 도취되어 뚜렷한 변화 없이 제자리에 머무르는 동안, 교회 밖에서는 TV에서 스마트폰으로 미디어가 무섭게 확장되며 다양한 문화가 발생해 사회를 이끌어 갔습니다. 세상 프레임은 새로운 가치와 기준이 범람하며 우리와 자녀들을 교회 밖으로 거세게 끌어당기고 있습니다. 1980년대 중반까지는 놀거리, 즐길 거리가 별로 없었지만, 요즘은 갈 곳도 많고, 먹을 것, 볼 것, 놀 것, 즐길 것이 너무 많습니다. 지금 젊은이에게 교회는 수많은 선택지 중의 하나일 뿐입니다. 그러다 보니, 아이들을 교회로 데려오기 참 어려운 시절이 되었습니다.

과거에는 교회가 사회와 문화를 이끌어갔지만, 지금 교회는 고리타분하고 뒤떨어진 고립 집단 취급을 받고 있습니다. 요즘 교회 교육은 세상의 변화에 따라가지 못하는 듯합니다. 교육뿐 아니라, 거의 모든 분야에서 빠르게 다양화하는 흐름에 적응조차 힘들어하는 실정입니다. 세상은 20년 동안 IT 혁명과 인공지능의 혁신으로 생각 습관과 삶의 태도가 많이 달라지고 점차 투명해지는 방향으로 나아가고 있는데, 교회는 여전히 20~30년 전의 성공 모델에서 크게 벗어나지 못한 상태입니다.

아인슈타인은 "문제를 일으켰던 그 사고 수준으로는 문제를 해결할 수 없다"라고 말했습니다. 우리는 앞으로 무엇으로 삶의 중심을 잡아야 할까요? 삶의 방향과 기초를 어떻게 세워나가야 할까요?

남의 체험으로는 나의 광야를 건널 수 없다

후원하는 선교단체에서 선교 세미나를 진행할 때 저는 그 세미나에 종종 참여하곤 합니다. 다양한 문화권과 복음의 최전선에서 사투를 벌이는 선교사들의 시각은 때로 깊은 성찰과 울림을 주어 나태하고 게을러진 신앙과 삶에 긴장과 도전을 줍니다.

많은 나라와 문화를 경험한 선교사들의 시각으로 보면, 한국 교회 또한 다른 나라처럼 독특한 특성이 있습니다. 대부분의 한국 교회는 '기독교 + 유교'의 특성을 보인다고 합니다. 교회 안에서 나타나는 우리의 문화에는 여러 장단점이 있습니다.

남에게 의존하는 신앙

한국 교회의 유교적 특성은 목회자나 장로 등 교회 지도자를 스승으로 대하면서 그들의 리더십에 순종하며, 지도자 중심으로 교회 전체가 뭉쳐 힘 있게 사명을 수행한다는 장점이 있습니다. 역사상 전례를 찾아보기 힘든 새벽기도 열풍, 단기간에 수많은 교회 건축, 세계 10위권에 드는 도시별 초대형 교회의 개수(서울), 선교 1등 국가를 향한 수많은 선교사의 헌신 등 실로 엄청난 역사를 써 내려가고 있습니다. 이러한 이유로 한국 교회는 세계가 놀랄 만한 경제 성장 속에서 크게 부흥하고 발전해 규모 면에서는 최고의 성장세를 이어왔습니다. 목회자와 지도자를 중심으로 똘똘 뭉쳐 기적의 역사를 이루었습니다.

반면에 교회 전체가 지나치게 목회자 중심으로 운영되다 보니 온 성도가 목회자만 바라보았습니다. 스승의 그림자도 밟지 않는다는 유교적 배경은 목회자의 재정 비리나 심지어 성범죄까지도 교회가 감싸며 문제점을 노출하고 있습니다. 요즘은 교회가 세상을 걱정하는 것이 아니라 세상이 교회를 걱정하는 시대가 되었습니다. 이러한 상황에서 지도자 중심 신앙은 더 강화되고, 개인이 직접 하나님과 만나는 신앙은 점점 쇠퇴하고 말았습니다.

우리는 미디어의 홍수 속에 빠져 살아갑니다. 예전에는 유명 목회자의 설교 테이프를 빌려다가 서로 돌려가며 들었던 때가 있었습니다. 그 테이프가 얼마나 소중했던지 한 설교를 테이프가 늘어질 정도로 듣곤 했습니다. 지금은 스마트폰만 열면 국내외 유명한 목회자와 강사들의 귀한 설교가 무한정 쏟아져 들어옵니다. 운전을 많이 하는 한 친구는 일주일 동안 수십 편의 명설교를 차에서 들으며 은혜를 받는다고 합니다. 참으로 귀하고 감사한 일입니다. 지금은 스마트폰으로 SNS나 유튜브를 통해 훌륭한 목회자들의 말씀을 언제든지 들을 수 있습니다. 하지만 너무 흔해져서 안타까운 부분도 있습니다.

내 인생을 향한, 나 한 사람을 향한 하나님의 음성도 함께 들어야 합니다. 대형 교회 목사가 만난 하나님, 신학 교수가 만난 하나님, 유명한 간증 강사가 만난 하나님은 익숙하지만, 내게 직접 말씀하시고 나를 일대일로 만나주시려는 하나님을 외면하는 것은 아닌지 생각해보아야 합니다. 나의 광야, 내 자녀가 만나게 될 광야, 개인적인 문제의 해결책은 내가 만난 하나님께 직접 여쭙고 직접 응답받는 것이 필요합니다. 말씀을 통해 직접 하나님과 만나는 길을 스스로 열어가야 합니다.

봉사에 편중된 신앙

그동안 신앙생활을 잘한다고 평가받는 소위 '믿음 좋은 일꾼'들은 주로 공예배 출석률, 헌금 액수와 주일 봉사 분량으로 그런 인정을 받아왔습니다. 주일에는 새벽부터 나와 주차 봉사, 찬양대, 식당 봉사, 설거지 봉사, 예배 위원, 헌금 위원, 주일학교 교사, 남녀 전도회를 거쳐 저녁 늦게까지 수고하는 것이 최고인 줄 알고 살아왔습니다. 물론 그 일은 교회의 일원으로서 감당해야 할 참으로 귀하고 소중한 일들입니다.

그러나 이중 삼중으로 그런 일이 끊임없이 이어지면서, 봉사에 치여 정작 개인 신앙과 가정을 돌볼 여유도 없다면 그것은 문제입니다. 주중에 학교나 학원에서 공부하느라 떨어져 있던 아이들과 따뜻한 식사 한 번 제대로 못 하고 그런 와중에 가정은 언제나 희생 순위 첫 번째였습니다. 주중에 열심히 일하다가 쉬지도 못하고 교회에 와서 봉사에 매진하느라 기도와 말씀을 통해 하나님과 만나는 소중한 시간에 소홀해지고 말았습니다. 그렇게 오랫동안 봉사하고 에너지를 쏟아붓고 노력했지만, 지나고 보면 무엇이 남았는지 알 수도 없고, 인생의 광야를 만나면 자기 안에 담아 놓은 기도와 말씀의 힘을 통해 이겨 나갈 준비가 되어 있지 못한 채 위태롭게 신앙생활을 이어가고 있습니다.

더 큰 문제는 이렇게 피곤하게 봉사하고 최선의 노력을 다했다는 생각으로 스스로 만족하고 자기 신앙생활을 높이 평가한다는 데 있습니다. 물론 교회와 성도를 섬기는 각종 봉사와 헌신도 꼭 필요합니다. 하지만 한쪽에 편중되어 정작 중요한 가치를 잊어선 안 됩니다. 한쪽으로 치우치지 않고 균형을 이루는 삶을 설계하고 실행해야 합니다.

온전한 프레임 없는 껍데기 신앙

제 이야기를 해보겠습니다. 가끔 굴곡은 있었지만 다른 건 걱정 말고 공부나 열심히 하라는 부모님 말씀을 들으며 학창시절을 보냈습니다. 중고등학생 시절 공부는 상위권이었지만 만족할 만한 학력고사 결과를 얻지 못했습니다. 당연히 재수를 생각하신 부모님께 한 학기만 다녀보고 결정하겠다며 한 대학교의 컴퓨터공학과에 입학했습니다.

입학 후, 평소 생각하지 못했던 프로그래밍에 관한 흥미와 재능을 발견한 뒤에는 재수하지 않고 학사과정을 끝까지 마쳤습니다. 졸업 후, 소프트웨어 인력 수요가 급격히 증가하면서 S그룹에 입사했습니다.

세상에선 부자, 영적으론 거지

입사와 동시에 결혼하고 일에 몰두했습니다. 신혼의 단꿈을 누릴 새도 없이, 매일 반복되는 개발 프로젝트와 치열한 삶이 시작되었습니다.

당시 직장 문화는 오래, 많이 일하는 것이 미덕이었습니다. 주중에는 밤 10~11시 퇴근이 기본이고, 주말에도 계속 불려 나가 일에 매달렸습니다. 하루가 멀다고 새 기술이 쏟아져 나와 계속 공부하지 않으면 일을 따라가기 힘들었습니다. 공부하면 곧바로 업무에 적용해 개발하고 또 배우고……. 같은 일이 반복되었습니다. 이렇게 정신없이 일에만 몰두하느라 교회에는 몸만 왔다 갔다 할 뿐, 삶의 중심에는 언제나 일이 있었습니다.

교회 안에서 헌신하셨던 부모님의 후광으로 대부분 성도로부터 믿음이 좋다는 칭찬을 들으면서 자랐습니다. 겉으로는 믿음 있어 보였지만, 든든한 신앙 프레임이 갖춰지지 않았던 저는 작은 흔들림과 유혹에도 쉽게 허물어질 수밖에 없었습니다.

돌아보면 당시 신앙생활은 바닥을 헤매고 있었습니다. 주일에 교회만 한 번 다녀오면 크리스천의 모든 의무를 다한 것으로 여겼습니다. 교회를 가면 설교 시작과 동시에 취침이 시작되어 설교 끝나는 동시에 마치 알람을 맞춘 것처럼 깨어나길 반복했습니다. 예배 시간의 단잠이 세상 어떤 휴식보다 달게만 느껴지던 시절이었습니다.

겉으로 보기에는 삶이 순탄해 보였습니다. 입사 후, 국가 공공사업 분야에서 국방 관련 소프트웨어 개발사업을 시작했고, 인천공항 관제 시스템 프로젝트를 수행하면서 록히드마틴사에 파견 근무 기회도 얻어 미국에서 1년간 첨단 시스템을 배우고 경험했습니다. 고생은 했지만 그만큼 금전적 보상도 뒤따랐습니다. 연봉은 동종 업계 상위수준을 유지했고, 우리사주로 받은 주식 가치가 점점 올라 2000년 당시 강남에 작은 아파트 하나 장만할 만한 금액도 되었습니다.

미국에 있는 동안, 한국에는 벤처 붐이 일어났습니다. 한국에 들어오자마자 여러 곳에서 스카우트 제의가 있었고, 그중 한 벤처회사에 들어가 임원으로 새로운 삶을 시작했습니다. 벤처회사에서 기술과 영업, 재무회계 전반의 경험을 쌓고 나서 2006년에 독립 후 벤처회사를 창업했습니다. 그때까지 뭘 하든 잘되었고 항상 자신만만했으며, 회사든 교회든 사람들이 모두 인정하고 좋아하고 부러워했습니다. 교만이 하늘을 찌르던 시절이었습니다.

인생의 보호막이 무너지다

잘나가던 당시, 집안 걱정, 돈 걱정은 저와는 상관없는 일이었습니다. 동기들이 집 장만이나 재테크에 신경 쓸 때도 저는 그런 일은 생각한 적도, 할 필요도 없었습니다. 아버지는 대기업 임원으로 비교적 넉넉한 삶을 사셨고, 어머니는 집 한 채는 사줄 테니 돈 걱정, 집 걱정은 말고 살라고 입버릇처럼 말하셨습니다. 장인어른은 국내 조명업계에서 이름만 대면 알 만한 탄탄한 조명회사를 경영하셨습니다. 본가도, 처가도, 가정도 세상 말로 잘 나가던 시절이라 이중 삼중으로 안전 보호망이 있다는 생각에 든든했습니다.

신앙적 게으름과 나태함, 이기주의와 교만이 삶 전체에 가득 차게 되자, 드디어 하나님은 제 인생에 개입하셨습니다. 새 회사 창업 무렵부터 고난은 시작되었습니다. 내가 믿을 만한 구석, 기댈 만한 대상을 하나씩 제거하기 시작하셨습니다. 부모님은 은퇴 후 경제적인 문제로 어려움을 겪으시다가 미국에 이민 가셨고, 천년만년 갈 듯하던 탄탄한 장인어른의 사업도 거짓말처럼 한 번에 허물어졌습니다.

설상가상으로 장모님과 장인어른이 차례로 병석에 누우시면서 우리가 모시게 되었습니다. 모든 병시중은 아내가 도맡아 했는데 옆에서 지켜보는 것만으로도 힘겨운 일이었습니다. 이제 와서 후회해도 소용없지만, 생전에 더 잘해드리지 못한 것이 죄송할 뿐입니다. '긴 병에 효자 없다'라는 말이 가슴에 사무쳤던 시기였습니다.

든든한 버팀목이 되어주셨던 부모님은 미국으로 가시고, 장인 장모님은 병석에 누워 계시고, 새로 시작한 사업은 부진의 늪을 헤매고 있었습니다. 〈광야를 지나며〉라는 찬양의 가사를 보면 이런 내용이 있습니다. "세상 어디도 기댈 곳이 없게 하셨네 광야 광야에 서 있네" 정말 딱 이런 상황이었습니다. 인생에서 이런 종류의 어려움은 아예 생각조차도 해본 적이 없었던 그런 삶이었습니다. 이런 고난에 전혀 준비되지 않은 상태에서, 내가 도저히 받아들이기 어려운 일들이 하루가 멀다고 계속 쌓여만 갔습니다.

그저 하루하루 어떻게 살아야 할지 앞길이 막막했습니다. 그간 의존하고 기댈 언덕이 여러 곳 있었기에 인생의 위기에 아무것도 준비해놓지 못했다는 사실을 뒤늦게 깨달았습니다. 인생 전체를 돌아보며 무엇이 어디서부터 잘못되었는지, 어떻게 고칠 수 있는지, 앞으로 어떻게 이 광야 길을 걸어가야 할지를 하나씩 생각해보기 시작했습니다.

우선 사업이나 불확실한 미래에 대해서는 내가 할 수 있는 것이 없었습니다. 최선을 다하더라도 결과는 내가 어떻게 할 수 있는 일이 아니기 때문입니다. 불안과 근심 걱정으로 잠 못 이루는 밤이 쌓여만 갔습니다. 생전 처음 인생에서 무력함을 느끼자 자연스레 신앙을 돌아보기 시작했습니다.

'신 앞에 나는 누구지? 신은 나에게 어떤 분이지? 믿음은 무엇이지? 삶은 무엇이고 죽음은 무엇이지?'

평생 교회를 다니고 믿음의 가정에서 자라고, 교회에서 늘 칭찬받으며 살아왔지만, 어느 것 하나 자신 있게 답할 수 있는 것이 없었습니다. 나는 하나님도 몰랐고 믿음도 없었고 아무것도 없는 빈 껍데기에 지나지 않는다는 자괴감으로 오랫동안 무기력했습니다.

광야 탈출을 준비하다

마치 권투 선수가 이어지는 연타를 맞고 정신을 못 차리듯, 계속해서 이어지는 인생의 강펀치는 저를 갈 데까지 몰아갔습니다. 부모님의 미국행, 장인어른의 사업장 폐업, S그룹의 화려한 껍데기와 벤처회사 임원 자리를 벗어나, 작고 초라한 벤처회사 사장이 되어 광야에 홀로 서게 되었습니다. 세상 어디에서도 기댈 곳 없을 때, 갈 수 있는 곳은 교회밖에 없었고, 할 수 있는 것은 기도뿐이었습니다.

아무것도 준비되지 않은 채 갑자기 광야로 밀려 나왔지만, 그래도 이런 시절에 교회로 발걸음 한 것은 그나마 다행이었습니다. 건성으로 교회 문턱만 밟았을지라도 어릴 적부터 강제로라도 교회에 머무르는 것을 배웠기에 시련의 때에 먼저 교회로 향할 수 있었습니다. 돌이켜보니, 억지로라도 교회 공동체 안에서 성장해온 것이 참으로 소중한 훈련이었습니다.

교회에서 말씀을 들으며 계속해서 하나님께 기도했지만, 사업과 인생에 찾아온 시련을 해결할 만한 실마리는 보이지 않았습니다. 저 역시 잠시라도 걱정 근심에서 벗어나 마음이라도 평안해지면 그것으로 만족했습니다. 해결된 것은 아무것도 없었지만, 그저 교회에 가서 앉아만 있어도 근심 걱정은 사라지고 마음의 평안을 회복했습니다. 하지만 교회 문을 나서자마자 염려와 불안함이 밀려들었습니다. 이런 시간은 꽤 오래 지속되었습니다.

마음의 평안을 찾는 데는 금요 예배가 최고의 시간이었습니다. 예배 후에 오랫동안 기도할 수 있었고, 다음 날은 주말이었기에 부담이 덜했습니다. 월요일이 시작되자마자 금요일을 기다렸습니다. 얼마나 간절했던지 금요 예배가 시작된 후 "다 같이 찬송 한 장 부릅시다"라는 목사님의 아무 내용 없는 한 마디에도 마음이 녹아내리곤 했습니다.

말씀과 기도 생활에 집중하고 신앙을 회복해가면서도 무너진 일상에는 큰 변화가 없었습니다. 미국으로 가신 부모님의 경제적 형편도 그대로였고, 장인어른, 장모님의 건강도 점점 나빠졌으며, 사업에도 큰 진전이 보이지 않았습니다. 교회 안에서는 잠시 시름을 잊었지만, 교회 밖으로만 나오면 항상 전쟁과 같은 삶이 나를 옥죄고 있었습니다.

'무엇이 잘못되었지? 나는 뭘 해야 하나? 어디서부터 다시 시작해야 하나?'

그동안 소홀했던 신앙을 다시 세운다는 마음으로 교회에서 내가 할 수 있는 일에는 발을 빼지 않고 모두 순종했습니다. 이리저리 미꾸라지처럼 봉사 자리를 빠져나가던 옛 습관을 벗어버리고, 청년부장으로, 예배 성가대로 나를 필요로 하는 섬김의 자리를 마다하지 않았습니다. 불확실한 미래에 대한 걱정과 염려

속에서도 말씀을 사모하고 봉사에 힘쓰면서 삶도 신앙도 서서히 회복되어가고 있었습니다. 하지만 마음 어느 한구석에는 아직도 부족함과 아쉬움 그리고 여전히 갈급함이 사라지지 않고 있었습니다.

2장

인생 최상의 프레임으로 무장하라

모든 성경은 하나님의 감동으로 된 것으로 교훈과 책망과 바르게 함과 의로 교육하기에 유익하니 이는 하나님의 사람으로 온전하게 하며 모든 선한 일을 행할 능력을 갖추게 하려 함이라(딤후 3:16~17)

광야 탈출의 첫걸음을 딛다

가까이 있었던 해결책

회사에만 가면 가슴이 답답한 나날은 한동안 계속되었습니다. 풀리지 않는 사업, 오랫동안 공들인 프로젝트의 실패, 지연되는 계약과 수금, 납품한 소프트웨어의 오류와 고객의 불만과 항의로 하루도 편할 날이 없었습니다. 반면에 교회에서 기도하는 동안에는 마음이 그렇게 편할 수 없었습니다. '목마른 사슴 시냇물을 찾아 헤매이듯' 제 영혼은 예배에 갈급했습니다. 금요 예배만 생각하며 월요일부터 금요일까지 타는 목마름으로 5일을 기다렸습니다. 인생에서 처음으로 기도라는 게 하고 싶어졌습니다. 정확히는, 기도하지 않으면 불안함과 초조함으로 견디기 힘들 정도였습니다. 중독을 경험한 적은 없지만, 술이나 마약의 금단현상이 이와 비슷할 거라는 생각이 들 정도였습니다.

그러다가 문득 이런 생각이 들었습니다.

'어라? 왜 기도는 꼭 금요일 밤에 교회에서 해야만 하지? 기도하려고 굳이 월요일부터 금요일까지 5일 내내 기다릴 필요가 있나? 하고 싶은 시간에 하고 싶은 장소에서 하면 되잖아?'

모태신앙으로 평생 제대로 기도한 적이 없었으니, 언제 어디서나 기도할 수 있다는 사실도 기억하지 못했던 것입니다. 그렇게 부끄럽게도 한동안 정해진 예배 시간만 기다리며, 기도의 자리를 사모하며 지독한 갈급함으로 한 주를 보냈습니다.

예배와 기도에 대한 갈증은 집 앞 교회에 새벽기도를 나가면서 조금씩 해소되기 시작했습니다. 게으르고 아침잠 많은 제가 매일 빠짐없이 새벽기도를 하는 중이라고 했더니 "네가 새벽기도를 빠지지 않고 나가는 건 모세가 홍해를 가르는 것보다 더 큰 기적이다"라며 어머니께서 깜짝 놀랄 정도였습니다.

하나님 음성이 들리다

유기성 목사님의 《예수님의 사람》이라는 제자훈련 교재를 보면, 1권 6장에 '하나님의 음성을 듣는다'는 의미를 설명하고 있습니다. '하나님 음성'은 구약에서처럼 사람 귀에 직접 들리는 것일 수도 있지만, 깊은 기도 가운데 떠오르는 생각을 성령의 조명(Illumination)으로 묵상하면서 말씀에 비추어 그것이 옳다고 판단되면 하나님 음성으로 받아들일 수 있다는 내용입니다.

공대 출신이다 보니 계산이나 실험으로 검증되지 않는 것은 인정하고 받아들이기 어려웠습니다. 머릿속에 떠오르는 생각은 '내 생각'이지, 어떻게 하나님 음성이 될 수 있다는 것인지 처음에는 이해되지 않았습니다. 보수적인 교회에서 성장해온 저는 그런 경험에 공감하지 못했습니다. 왠지 은사주의, 신비주의와 연결되는 것 같아 사모하는 마음도 별로 없었고, 큰 의미를 두지 않았습니다.

인생 광야의 한복판에서 기도를 시작했지만, 주로 원망과 신세 한탄이었습니다.

'부모님이나, 장인 장모님이 평생 하나님과 교회를 위해 헌신하셨는데 뭘 그리 잘못하셨다고 인생 말년에 이런 고난을 겪게 하십니까? 저는 뭘 또 그렇게 잘못했습니까? 이 광야를 대체 언제나 벗어나게 하실 것입니까?'

그러고는 마음 깊은 곳에서 사랑하는 두 딸을 깊이 생각하며 염려하는 심정을 토로했습니다.

'난 어떻게 되어도 상관없지만, 두 딸을 어떻게 책임지고 키워야 할지 막막합니다. 나는 노숙자가 되어도 괜찮지만, 두 딸만 생각하면 근심 걱정으로 억장이 무너집니다. 도대체 이 위기에서 내 아이들을 어떻게 하실 겁니까?'

바로 이때 평생 한 번도 겪어보지 못했던 희한한 경험을 하게 됐습니다. 틀림없이 귀에 들린 것은 아니고 주변에 함께 새벽기도 드리는 사람들도 있었는데, 기도 중에 마음속에 내 생각이 아닌 '다른 생각'이 불쑥 떠오르는 것이었습니다.

'그걸 왜 네가 걱정하니? 그 아이들이 네 아이라고? 뭔가 한참 착각하고 있구나. 그 아이들은 내 아이들이야! 내가 책임진다고! 너는 네 앞가림이나 잘하려무나.'

주체할 수 없는 눈물이 흘러내렸습니다. 그 일 이후로 사랑하는 두 딸의 앞길에 대한 걱정과 염려가 일시에 사라졌고, 하나님께서 나 같은 작은 자에게도 관심을 갖고 계시고, 직접 만나주신다는 사실에 감격했습니다. 기도 중에 떠오르는 생각이 '하나님 음성'이 될 수 있음을 처음으로 경험했습니다.

그 이후로 기도하면서 종종 같은 경험을 하게 되었습니다. 한번은 의지적으로 떠올린 것이 아닌데 어린 시절에 지었던 죄가 세세하게 떠올랐습니다. 동생 용돈을 빼앗고 괴롭힌 일이 떠올랐습니다. 미국에 사는 동생에게 이야기하며 잘못을 시과했습니다. 동생은 깔깔거리면서 자신은 기억도 나지 않는다며 다 용서했으니 잊어버리라고 했습니다. 동생의 생각과 관계없이 저에게는 그런 과정이 꼭 필요했고, 소중했습니다.

신앙인의 삶은 순서가 다르다는 생각(음성)도 하게(듣게) 되었습니다. 응답 없는 기도가 계속되는 바람에 답답해하던 무렵이었습니다.

"믿는 자의 삶은 그저 문제 있으면 기도하고, 문제가 다 해결되어야만 평안과 기쁨이 오는 것이 아니란다. 하나님께서 아름답게 인도하실 줄 믿고, 아직 문제가 해결되지 않았음에도 이미 마음에는 기쁨과 평안이 먼저 회복되는 것이지. 이후에 그 문제는 더 이상 네 삶을 흔들지 않게 된단다."

그 음성대로 기도 응답이 없이도 평안이 먼저 회복되고 난 후에 문제들이 저절로 해결되는 경험이 삶 가운데 계속 반복되었습니다.

물론 하나님 음성에 대한 경험은 늘 감동적이진 않았습니다. 학생 때부터 수십 년간 성가대를 해오다가 어느 순간 흥미를 잃고 모두 그만둔 적이 있었습니다. 몇 년의 시간이 지나고, 고난의 때를 거치면서 다시 찬양대에 서고 싶었습니다. 당시에 장인 장모 두 분이 모두 병석에 계셔서 주일예배 마치자마자 바로 점심 식사를 차려 드려야 했습니다. 이런저런 이유로 성가대에 참여할 수 없는 상황이 되니 더 갈증이 생기고, 다시 하게 해달라고 몇 달을 기도로 매달렸습니다.

'아니, 다른 것도 아니고 하나님을 찬양을 하겠다는데 그것도 안 들어주시는 것은 너무하지 않습니까?'

오래 기도해도 위로부터 아무런 반응이 없던 어느 날 새벽, 거의 선지자 요나 수준으로 버릇없이 대들었습니다. 그때 기도 중에 마음속으로 이런 생각(음성)이 떠올랐습니다.

"성가대가 무슨 취미 동아리냐? 너 하고 싶을 때 마음대로 시작했다가 하기 싫으면 아무 때나 그만두고? 너보다 훨씬 더 잘하고, 더 간절히 사모하는 대원들 많아!"

변명할 여지가 없었습니다. 몹시 부끄러웠지만 한편으로 많이 서운했습니다. 그 이후로 몇 달이 지난 어느 날이었습니다. 교회 선배로부터 학생 시절의 중창팀을 다시 만들려고 하는데 생각 있느냐고 제안이 들어왔습니다. 평소 같으면 고민해보겠다며 간접적으로 거절했을 텐데 그날은 바로 그 자리에서 바로 하겠다고 했고, 그 이후에 찬양대에도 서게 하시고 회복시켜 주셨습니다.

말씀의 갈증이 해갈되는 경험

기도에 대한 갈증은 해결되어갔지만, 말씀에 대한 갈증은 어떻게 해야 할지를 몰랐습니다. 계속 교회에만 머무르거나 설교만 듣고 있을 수도 없었습니다. 기도의 문제가 해결되고 나니 말씀에 대한 갈급함이 시작되었습니다. 기회만 있으면 말씀을 풍성하게 먹고, 깨달은 대로 살고 싶었습니다.

'어라? 왜 말씀은 꼭 금요일 밤에 교회에서만 들어야 하지?'

집 근처 교회의 새벽기도회에 가면 기도만 한 것이 아니었습니다. 목사님은 새벽기도 시간에 성경을 창세기부터 매일 한 장씩 읽고 설명하시는데 너무 재미있고 은혜가 되었습니다. 성경이 1,189장이니 매일 한 장씩 대략 3년이면 전체를 다 읽는 셈이었습니다. 새벽기도를 통해 성경을 두 바퀴쯤 돌고 있을 때, 말씀에 대한 갈급함으로 기도를 경험했던 것처럼 성경도 혼자 직접 읽어가기 시작했습니다. 혼자 공부해도 좋을 만큼 설명이 잘 되어있는 통독 교재도 많고, 조금만 관심을 기울이면 성경 읽기에 관련 책자와 성경 사전, 주석, 히브리어/헬라어 성구사전 등등 좋은 자료를 주변에서 쉽게 구할 수 있었습니다. 성경 본문을 읽으며 여러 자료를 찾아보고, 묵상하고, 깨달으며, 말씀과 씨름했고 너무나 행복한 시간을 보냈습니다.

돌이켜보니, 내 인생에 참 많은 일들이 '우연히' 펼쳐져왔습니다. 우연히, 어린 시절 함께 한 교회를 다니다 오랫동안 못 만났던 선배와 OB(Old boy) 모임에서 만났습니다. 오랫동안 못 보다가 갑자기 만난 것도 희한한데, 그 선배는 다짜고짜 성경통독을 같이 하자고 했습니다. 덕분에 얼떨결에 온누리교회 통독팀에 들어가 첫해에만 2독을 했습니다.

팀원 분들과 함께 정신 바짝 차리고 참여해 통독의 은혜에 깊이 빠졌습니다. 특히 통독팀 리더로 헌신하는 윤은경 권사님(영상의학과 전문의)의 세밀하고 카리스마 넘치는 인도로 많은 것을 배웠습니다. 그 이후로 4독을 하면, 리더가 되어 통독팀을 새로 개척해야 한다는 말을 들었습니다.

우연히, 내가 속한 CBMC(Connecting Business & Marketplace to Christ, 한국기독실업인회) 강북비전지회에서 양육분과 부회장을 맡아 통독팀 구성을 제안했고, 모두가 흔쾌히 따라주었습니다. 특별히 한 것이 없는데 그저 격려하고 채근하며 1독을 마치고 나니, 삶이 달라지고 풍성해졌다는 고백을 많이 들었습니다. 2독을 시작하기 전에 성경 전체의 뼈대를 잡아주면 좋겠다는 의견이 나왔고 통독팀을 제안한 제게 그 숙제가 주어졌습니다.

우연히, CBMC 내의 젊은 회원 중심으로 '성경 뼈대 세우기' 세미나를 진행했습니다. 내용은 학창시절 IVF에서 교육했던 '성경적 세계관' 내용을 4시간 정도로 정리한 것이었습니다. 반응이 좋아 앵콜로 한 번 더 진행하였고, 내친김에 내용을 보완해 10시간짜리 세미나로 만들었습니다. 1박 2일 수련회에서 테스트를 거쳐 CBMC 강북비전지회 공식 교육 과정으로 월 1회씩 10개월 세미나를 진행했습니다.

우연히, 동영상을 본 후배 목사의 초청으로 그 교회에서 세미나를 진행했고, 모 교회에서도 청년회와 40대를 대상으로, 그 이후에도 여러 차례 세미나를 진행했습니다. 그 이후로 책으로 써보라는 권유를 계속 받았지만, 시간도 자신도 없어 계속 거절했습니다.

우연히, CBMC의 인쇄사업을 하는 한 대표가 염려 말고 함께 시작해보자는 권유에 우선 세미나용 소책자를 만들었고, 그 이후에 수많은 '우연히'를 거쳐 지금은 이 책을 쓰는 데 이르렀습니다. 정신을 차리고 보니, 한평생 소프트웨어만 개발하던 공돌이는 지금까지의 삶과는 전혀 관련 없는 분야에서 엉뚱한 일을 몇 년째 계속하고 있습니다.

지나고 보니, 어찌 생각하면 우연한 일 같기도 하고 제 계획과

의지대로 살아온 것처럼 보이지만, 한편으로는 하나님께서 제 인생을 세밀하게 설계하시고 그 계획대로 저를 이끄신다는 생각이 강하게 듭니다. 그 순간순간은 '우연히' 되어왔다고 생각했지만, 지난 몇 년을 돌아보니 이 모든 과정이 하나님의 세밀한 계획과 인도하심이었습니다. 말씀을 사모하며 읽다가 말씀이 내 인생에 들어왔고, 말씀이 내 인생을 인도하시고, 이제는 말씀이 내 인생 전체를 주관하고 계십니다.

기도를 통해 간헐적으로 하나님 음성을 경험했다면, 말씀은 읽을 때마다 지속해서 하나님과 만나는 통로가 되었습니다. 슬플 때 위로가 되며, 괴로울 때 평안을 주고, 힘들고 지칠 때 안식이 되고 새 힘을 얻는 경험이 계속되었습니다. 말씀을 읽을 때마다 송이꿀보다도 더 달고 은혜가 넘치는 시간이었습니다.

기도는 각별한 하나님과의 개인적인 만남이며, 그 형태와 체험이 사람마다 매우 다양합니다. 반면에 말씀은 읽으면 됩니다. 누구나 읽을 수 있습니다. 함께 읽을 수 있습니다. 말씀을 읽지 않고는 하나님을 개인적으로 깊이 만나기 어렵습니다.

프레임이 자녀의 삶을 결정한다

제 인생에서 만난 가장 귀한 만남 중의 하나는 CBMC입니다. 제가 속한 CBMC의 강북비전지회에는 정말 존경할 만한 어른이 많이 있습니다. 신앙의 본을 보이고 재정으로 든든한 후원을 아끼지 않으면서도, 늘 낮은 곳에서 섬기는 선배와 동료로 가득 찬 공동체입니다.

매주 조찬모임에서 중보기도 요청을 나누다 보면 모든 기도 제목들은 크게 두 가지로 정리됩니다. 바로 사업과 자녀입니다. 실업인 모임이니만큼 자연스레 사업 이야기가 많이 오갑니다. 그것을 제외하면 모든 기도 제목 중에서 단연 자녀에 대한 부분이 가장 큽니다. 자녀가 믿음 안에서 자라도록, 교회를 떠난 자녀가 돌아오도록 늘 안타까워하며 기도합니다. 교회를 가더라도 자녀들을 위해 눈물로 기도하는 부모들이 많습니다. 때로는 내

손을 꼭 붙들고 우리 아들 꼭 좀 연락해달라, 혼을 내서라도 교회로 끌고 와달라며 눈물을 글썽이는 분들을 보면 참으로 안타깝습니다. 어떻게 해야 자녀들에게 신앙의 유산을 잘 물려줄 수 있을까요?

저희 세대만 해도 부모님 말씀을 거역하기 어려운 시절을 보냈습니다. 아무리 싫어도 겉으로라도 따를 수밖에 없던 시절이었습니다. 교회에 가고 싶지 않아도 꾸중을 들으면 억지로라도 나갔고 그러다가 어느 순간 말씀이 마음에 들어와 하나님을 만나고, 곧바로 만나지 못했더라도 교회 문턱을 들락거린 기억으로 나중에라도 돌이켜 돌아오는 경우도 많았습니다. 하지만 요즘은 아무리 좋은 의도라고 해도 자녀가 싫다면 매를 들 수도 없고 강요하기 힘든 시대입니다. 참으로 신앙 유산을 계승하기 어려운 세상이 되었습니다.

근본적이고 장기적인 해결책

저는 어렸을 때부터 옛날이야기 듣는 것을 좋아했습니다. 동화, 재미난 이야기, 성경 위인 이야기 등 이야기 듣기를 참 좋아했습니다. 특히나 여름철 캄캄한 밤에 듣는 귀신 이야기는 너무 무서워 정말 듣기 싫으면서도 결말이 궁금해 끝까지 참으며 들었고, 듣고 나서는 또 해달라고 졸라댔습니다. 그중 제일 재미있고 실감 나는 이야기는 본인의 경험 이야기였습니다. 신앙도 마찬가지입니다. 부모가 자신이 직접 체험하고, 실제 살아온 모습을 들려주고 삶으로 직접 보여줄 수 있다면 그 가르침은 가장 강력한 힘이 됩니다.

사실 저는 결국 믿음의 터전으로 돌아올 수밖에 없는 인생이었습니다. 어려서부터 부모님의 신앙을 통해 믿음으로 산다는 것을 보고 들으며 자랐기 때문입니다. 세상의 온갖 다른 생각이 머리에 들어오기 전, 어린 시절부터 나의 머리와 삶에는 부모님의 모습이 가장 인상적으로 남았습니다. 그렇다고 뭘 강요해서 억지로 가르치려 들지도 않으셨습니다. 그냥 믿는 자로서 살아가는 모습을 보여주신 것뿐이었습니다.

중학교에 입학하자마자 담임선생님은 가훈을 알아오라는 숙제를 내주셨습니다. 아버지께 여쭈었더니 우리 집 가훈은 '하나님 제일주의 생활'이라고 하셨습니다. 그게 무슨 의미인지 물으니 "우리 가정의 주인은 하나님이시고, 중요한 대소사는 모두 하나님 뜻에 따라 결정하고 순종한다"라는 것이었습니다. 선생님과 친구들 앞에 그대로 이야기하기는 부끄러워, 친구의 가훈을 베껴 '근면 성실'로 제출했던 기억이 있습니다.

아버지는 '하나님 제일주의 생활'을 늘 마음에 품고 한평생 가장으로서 충실히 살아오셨습니다. 이 땅의 대부분 아버지가 그렇듯 평소 가족들과는 대화가 거의 없으셨습니다. 워낙 일상이 되었기에 학창시절 입학이나 졸업식 때 따뜻한 말 한마디 없어도 별로 서운하지 않을 정도였습니다. 그저 아버지는 내게 관심

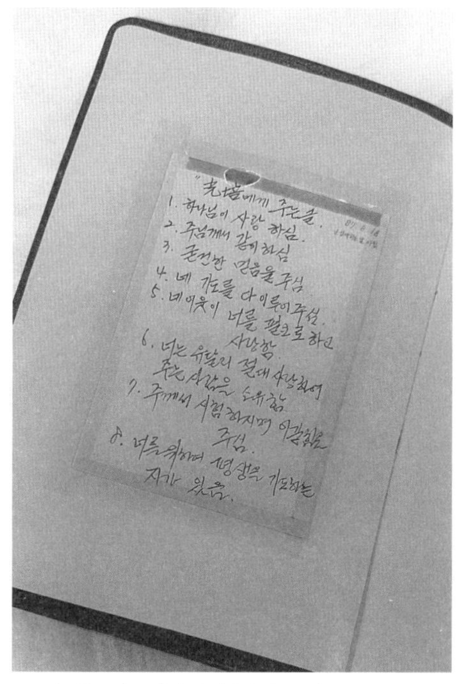

에게 주는 글.
1. 하나님이 사랑 하심.
2. 주님께서 같이 하심.
3. 온전한 믿음을 주심
4. 네 기도를 다 이루어주심.
5. 네 이웃이 너를 필요로 하고 사랑함.
6. 너는 유달리 절대 사랑하여 주는 사람을 소유함.
7. 주께서 시험하시며 이길힘을 주심.
8. 너를 위하여 평생을 기도하는 자가 있음.

1987년 8월 18일 군입대 날 아침에 아버지가 주신 쪽지

이 없을 뿐이라고 생각했습니다. 그런 아버지께서 입대하는 날 아침 집을 떠나는 제 손에 작은 쪽지를 건네주셨습니다.

입소 후, 정신없는 첫날을 보내고 밤이 되어서야 그 쪽지를 읽었습니다. 하나님께서 함께하신다는 응원의 메시지와 네 기도에 응답하신다는 몇몇 메시지 끝에 '너를 위하여 평생을 기도하는 자가 있음'이라는 문구를 남기셨습니다. 겉으로 내색하지 않으셨지만, 평생 자녀를 위해 기도하는 아버지의 마음을 깨닫고 밤새도록 눈물 흘렸던 기억이 납니다. 그 이후로 아버지의 사랑을

한 번도 의심해본 적이 없습니다. 대기업 임원이셨고 교회 장로셨던 아버지는 매일 한 시간 일찍 출근하셔서 말씀과 기도로 하루를 시작하는 분이셨습니다. 지금은 대장암 수술 후에 암이 전이되어 오랜 기간 항암 치료를 받고 계십니다. 긴 투병 끝에 몸은 많이 쇠약해졌고 손도 많이 떨리지만, 아직도 매일 한 장씩 성경 필사를 하십니다. 말씀과 기도로 살아온 한평생을 끝까지 보여주고 계십니다.

학생 시절, 학교에서 집으로 돌아오면 늘 빈집이었습니다. 교회 일에 적극적이던 어머니는 전도사도, 교회 직원도 아니면서 매일 교회로 출근하셨습니다. 항상 교회가 우선이었고 일을 하다 보면 의견이 갈려 때로는 반대편 성도들에게 욕을 먹는 일도 많았습니다. 저는 어머니가 교회를 위해 일하면서 욕먹는 것이 너무 싫었습니다. 사춘기 시절 불만을 토로하며 교회 일 좀 그만하라고 대들기도 했습니다. 어머니는 사람들이 몰라도 하나님만 알아주시면 된다고 하시며, 하나님 뜻에 어긋나는 것이 두렵지 사람들에게 욕먹는 것은 괜찮다고 늘 당당하게 말하셨습니다. 어머니가 교회에서 필요로 하는 일이라면 몸이 부서져라 일하는 것이 당최 이해되지 않았습니다. 월급이 나오는 것도 아니고 누가 알아주는 것도 아닌데 말입니다.

한평생 교회에서 일하시다가 노년에 미국으로 이민을 가셨습니다. 미국에 가시면 연세도 있고 말도 안 통하고 해서 더는 일하기 어려울 줄로 알았지만, 예상은 보기 좋게 빗나갔습니다. 가자마자 한인 교회에서 봉사를 시작하시고, 가을에는 도토리를 주워다가 묵을 만들어 한국의 맛을 그리워하는 교인들에게 드렸습니다. 떡 만드는 기계를 사다가 밤새도록 인절미를 만들어 나눠주시고, 냄새 나는 은행을 주워다가 깨끗이 씻고 말려 은행 밥을 지어 노인들을 대접하셨습니다.

이처럼 한시도 쉬는 법이 없는 어머니는 리치먼드 한인 노인회장으로 봉사하시면서 많은 일을 하셨습니다. 한번은 TV를 보는데 어머니와 무척 닮은 분이 인터뷰하는 것을 보았습니다. 자세히 보니 어머니였습니다. 미국 지도에 동해와 일본해를 병기하는 이슈 때문에 할머니들을 모두 모아 미국 국회에 방문한 것이었습니다. 몇 해 전부터는 여든을 코앞에 둔 연세에도 유튜브를 보고 배워 뜨개질로 열쇠고리 인형을 만들어 매년 어린이들에게 나눠 주십니다. 겨우내 100개 넘게 만드신다고 합니다. 미국 아이들은 수작업으로 만든 유니크한 것을 좋아하기 때문에 인기가 대단합니다.

미국 이민 초기에 어머니는 아침부터 내내 교회 전체 주소록을 첫 페이지부터 펴서 순서대로 이름을 불러 기도하시고, 기도하다 궁금하면 국제전화를 하셨습니다. 지금은 스마트폰 앱으로 무료 화상통화까지 하는 시대지만, 당시 어머니에게는 유선전화가 유일한 통화 수단이었습니다. 선불전화 카드비로 많은 지출

어머니가 유튜브로 공부하고 뜨개질로 만드신 인형 핸드폰고리

이 있었지만, 교인을 위해 기도하며 전화로 심방하는 일에 돈 따위는 문제가 아니었습니다. 교인들은 한국에서도 받기 힘든 심방 전화를 국제전화로 받는다며 기뻐하셨고 기도로 서로 교제하며 행복해하셨습니다. 안타깝지만 요즘은 그런 기도를 하기 어렵다 하십니다. 집중해서 기도하려면 에너지가 많이 필요한데 요즘은 그런 체력이 없고 집중력이 떨어져 그저 가족과 가까운 주변을 위해서만 겨우 기도하신다고 합니다. 그간 기도에 얼마나 집중하시며 에너지를 쏟으셨던 것일까요? 세상 누구도 만나기 힘든 믿음의 거장 두 분을 부모님으로 모시게 된 것을 하나님 앞에 감사드립니다.

자녀들에게 신앙 유산을 제대로 물려줄 가장 확실한 해결책은 이처럼 부모가 본을 보이는 것입니다. 제 인생은 부모님의 삶을 따라가기에는 역부족입니다. 다만, 두 분의 모습을 기억하며 자녀들에게 본이 되려고 노력하는 모습이라도 보이려 합니다. 한평생 말씀과 기도로 살아가는 부모의 발자취, 그것이야말로 자녀들에게 가장 강렬한 교육이 됩니다.

효과적이고 단기적인 해결책

부모가 모든 것을 알고, 다 준비한 후에야 자녀들을 가르칠 수 있다고 생각합니까? 물론 그렇다면 더할 나위 없겠지만, 처음부터 완벽하게 준비할 필요는 없습니다. 말씀을 읽으며 온 가족이 함께 시작하는 것이 첫걸음입니다. 같이 읽고 묵상하고 이야기 나누는 습관을 들이는 것이 중요합니다.

자녀에게 가르칠 것을 미리미리 준비해야 합니다. 기도와 말씀을 통한 가정교육이 출발점입니다. 기도는 개인적인 영역이어서 가족이라도 처음부터 드러내 함께 하기가 쉽지 않습니다. 반면에 말씀은 비교적 어렵지 않게 시작할 수 있습니다. 자녀들과 함께 말씀을 나누며 이야기하는 습관을 하루라도 빨리 만들어야 합니다. 요즘은 각자의 개성이 강한 시대입니다. 부모 말이라도 일단 자신에게 이해가 되어야 하고, 자기 생각과 판단에 맞지 않으면 강제로 어떻게 할 수 없는 시대가 되었습니다. 그러므로 어렸을 때부터 시작해야 합니다. 아직도 주변의 많은 분이 교회를 떠난 자녀를 위해 눈물로 기도하며 속히 돌아오길 바라고 있습니다. 지금부터라도 자신과 자녀들을 말씀으로 하나님의 테두리 안으로 묶는 데 전력을 다하기 바랍니다.

준비가 잘 되어있는 가정은 다행이지만, 그렇지 않은 가정에서 말씀을 중심으로 가족 간에 대화하기는 쉽지 않습니다. 가정에서 1주일에 한 번 모이는 시간을 만들어보십시오. 처음에는 쉽지 않겠지만 막상 해보면 그리 어려운 일도 아닙니다. 누구나 따라 할 수 있는 '가정 예배'를 적극 권합니다. 뭐든지 첫걸음 떼기가 어렵습니다. 처음부터 갑자기 시작하거나 강요하지 마시고, 온 가족이 동의하도록 미리 조금씩 이야기를 해둡니다. 첫 시작에는 자녀들의 마음을 열고, 예배 전후로 외식을 같이하거나 작은 선물을 준비하는 등 예배에 대한 호의적인 환경을 마련해 마음을 얻도록 합니다.

우리 집은 매주 토요일 저녁 9시에 가족 예배를 드렸습니다. 정해진 순서는 없습니다. 그저 찬양하고 말씀 읽고 생각을 나누면 됩니다. 그리고 각자의 기도 제목을 이야기하고 돌아가면서 기도합니다. 처음에는 어색할 수 있으니 강요하지 말고 부모님이 이끌면 됩니다. 사도신경으로 시작하고, 함께 찬양 부르고, 말씀 읽고 간단한 메시지 전하고, 또 찬양 한 곡 부르고, 서로의 생활을 이야기하면서 기도 제목 나누고, 함께 기도하고 주기도

문으로 마칩니다.

예배 순서는 여건에 따라 얼마든지 조정할 수 있습니다. 다만, 처음 시작한다면 예배 시간을 20분 내외로 지루하지 않게 진행하는 것이 좋습니다. 서로 익숙해지면 차차 시간을 늘리되 자녀들 중심으로 진행합니다. 처음에는 부모 중 한 명이 말씀을 준비합니다. 부모에게 짐이 될 수 있지만, 최대한 재미있게, 길지 않게, 지루하기 않도록 준비하시길 바랍니다. 결론을 내려고 애쓰지 말고 서로 자유로이 대화하며 질문하며 대답하며 말씀을 가까이하면 됩니다. 익숙해지면 본문을 미리 읽고 토론해도 좋습니다.

'가정 예배를 통해 부모님도 나도 말씀을 읽고 묵상할 수 있구나. 하나님 뜻을 깨달을 수 있고 하나님을 만날 수 있구나. 말씀이 내 인생에서 이만큼 소중하고 귀하구나.' 결국 이 생각을 자녀들에게 알려주는 것이 가정 예배의 목표입니다. 가족끼리 말씀을 중심으로 서로의 생각을 나누는 일은 습관이 되어있지 않으면 쉬운 일은 아닙니다. 가정 예배를 통해 함께 말씀을 읽고 묵상하는 습관이 정착되길 바랍니다. 신앙의 가장 든든한 기초가 되는 말씀 프레임을 자녀들과 함께 차근차근 준비해나가기를 기대합니다.

> 너희 마음에 그리스도를 주로 삼아 거룩하게 하고 너희 속에 있는 소망에 관한 이유를 묻는 자에게는 대답할 것을 항상

준비하되 온유와 두려움으로 하고(벧전 3:15)

가정 예배 이후에 자녀들이 점차 말씀을 스스로 읽고 깨닫고, 자신에게 말씀하시는 하나님과 만나고, 누구의 도움 없이도 하나님과 대면하며 동행하길 소망합니다. 이를 위해서는 자녀를 위한 부모의 기도와 헌신이 꼭 필요합니다.

교회에 모이기 어려운 시대를 대비하라

코로나19로 전 세계가 엄청난 격변의 시기를 보내고 있습니다. 단지 전염병 차원만이 아니라 정치, 경제, 사회, 문화, 교육에 이르기까지 실로 전 분야에 걸쳐 극심한 혼란과 변화의 시기입니다. 세상의 그 누구도 예상하지 못했고, 이렇게 지속할 줄도 알 수 없었습니다. 정답이 있을 수 없고, 상세한 계획을 세우기도 어렵고, 한 치 앞도 내다보기 힘든 상황이 되어버렸습니다.

바꿀 수 없는 것들

교회도 예외는 아닙니다. 일제 침략기 시절 신사참배 거부와 6·25 전쟁으로 교회가 폐쇄된 이후 예배가 중단된 것은 이번이 처음입니다. 초기에는 대면 예배를 강행하는 교회도 많았지만,

요즘은 일부 교회를 제외하고는 국가 시책에 따라 대부분 비대면 예배로 전환하고 있습니다. 앞으로 장기화될 이 사태에 교단과 교회, 지도자마다 각각 서로 다른 의견을 제시하면서 혼란스럽습니다.

문제는 이번 사태가 잘 마무리된다고 하더라도, 홍콩 독감, 신종 플루, 사스, 메르스 등을 거쳐온 바이러스성 질병들은 주기적으로 계속 발생하고, 그 전염성과 위험성도 점점 더 높아지는 추세입니다. 질병 의학자들은 코로나19 이후로도 이런 일이 언제든지 반복될 수 있다고 합니다.

우리가 원해도 교회에 갈 수 없는 상황이 앞으로 반복될 수 있다는 뜻입니다. 국가 방역당국과 교회의 정책과 기준은 개인이 바꾸기 어렵습니다. 우리가 할 수 있는 일은 앞으로도 발생 가능성이 있는 이런 상황에서 하나님과의 관계와 우리의 신앙생활에 대한 영향을 최소화하도록 준비해야 한다는 것입니다. 앞으로 말세 때 세상에 닥칠 여러 위협과 어려움에 미리 준비되어 있어야 합니다. 어떤 여건과 상황에서도 개인이 직접 하나님을 만날 준비가 필요한 이유입니다.

바꿀 수 있는 것들

우리는 원하면 아무 때나, 언제든지 교회에 가고 예배를 드릴 수 있을 줄로 생각했습니다. 당연한 것처럼 생각하며 예배의 감격과 감사를 잊고 살았습니다. 하지만 생각해보면 코로나 사태처럼 국가 방역정책이나 교회 방침 때문이 아니라도, 때로 질병으로 주말 근무로 또는 멀리 출장을 가거나 여러 사정으로 예배를 드릴 수 없는 상황이 많습니다.

저는 이태원에서 무슬림 난민 사역을 하는 선교단체를 돕고 있는데, 세상에는 기독교 자체가 법으로 금지되어 있거나 기독교인이 핍박과 고통을 받는 나라가 많습니다. 멀리 갈 것 없이 코앞의 북녘 동포들은 자유로이 예배드릴 수도 없고 성경책을 소유한 것만으로도 교화소로 보내집니다. 코로나19 사태가 속히 종결되어 다 같이 모여 마음껏 예배하는 시간이 오면 좋겠지만, 이런 상황에서도 개인 신앙을 지키며, 하나님과의 관계를 유지할 수 있는 길을 스스로 찾아야만 합니다.

예수께서 십자가 달리셔서 돌아가실 때, 성전 휘장이 위에서부터 아래로 찢어졌습니다. 제자들에게 예언하신 대로 로마제국을 통해 예루살렘 성전은 돌 위에 돌 하나 남김없이 무너졌습니다. 절차와 규정에만 치중하며 하나님을 향한 중심을 잃어버린 율법주의, 화려한 외형만 강조하며 하나님과의 만남보다 형식과 외형에만 빠진 성전 중심주의를 이 땅에서 모두 쓸어버리신 것입니다. 그 이후로는 대제사장이나 지성소의 피 뿌리는 제사 형식 없이도, 오직 예수 그리스도의 이름으로 누구든지 직접 하나님께 나아갈 기회가 열렸지만, 우리는 그 기회를 전혀 누리지 못하고 있습니다.

말세가 다가옵니다. 교회에 못 나가도, 설교를 직접 듣지 못해도 나의 영성과 하나님과의 관계에 영향을 받지 않도록 철저히 준비되어야 하겠습니다.

비즈니스 전쟁터에서 살아남은 힘

저에게 CBMC는 교회와 같습니다. 함께 모여 예배드리고, 기도하고, 찬양하며, 어려운 이웃과 선교지를 위해 헌금하고 후원합니다. 이 공동체는 '비즈니스 세계에 하나님 나라가 임하게 한다'라는 비전이 있습니다. CBMC의 목표와 사역은 다양하고 많지만, 한마디로 요약하면 '킹덤 컴퍼니(Kingdom Company)'라고 할 수 있습니다. 하나님께서 주인(사장)이 되시는 회사입니다. 그렇다 보니, 하나님 말씀을 회사 경영의 모든 기준 중에 가장 중심에 놓고 판단하고 경영합니다. 매주 조찬 모임에서 하나님께서 회사 경영에 관해 우리에게 보여주시는 기준을 묵상합니다.

끊임없는 근심과 걱정

원래 소심한 성격으로 어릴 적부터 늘 걱정이 많았던 저는 법인 설립 후, 생각하고 고민해야 할 많은 일로 감당할 수 없을 만큼 근심에 둘러싸여 버렸습니다. 창업 초기에 사업이 몹시 어려울 때는 하루도 편히 잠을 잘 수 없었고, 맛있는 음식을 먹어도 아무런 맛도 못 느끼며, 하루 24시간, 1년 365일을 염려와 걱정에 휘둘리는 삶을 살았습니다. 기도 가운데 묵상하며 만나는 성경 구절을 살아계신 하나님이 내게 직접 전해주신 말씀으로 받아들인 후부터 근심 걱정이 차차 해소되기 시작했습니다.

> 아무것도 염려하지 말고 다만 모든 일에 기도와 간구로, 너희 구할 것을 감사함으로 하나님께 아뢰라 그리하면 모든 지각에 뛰어난 하나님의 평강이 그리스도 예수 안에서 너희 마음과 생각을 지키시리라(빌 4:6~7)

예전부터 알고 있었지만, 이제는 단순한 글자만이 아니라 살아계신 하나님께서 내게 직접 전하시는 말씀으로 받아들이게 되었습니다. 그 이후로 어려운 여건 속에서도 근심 걱정으로 잠도 못 자고, 밥도 못 먹고, 아무 일도 못하는 무기력한 상태에서는 벗어날 수 있다는 자신감이 생겼습니다. 나를 믿는 것이 아니라 그 말씀을 하신 분이 나와 함께하신다는 믿음으로 가능했습니다.

매일 이어지는 고뇌의 시간

입사한 지 오래도록 성과를 내지 못하는 직원들이 있었습니다. 사직을 권유해야 할 것인가? 회사의 손실을 감수하고라도 무한히 참고 기다리며 교육해야 할 것인가? 이 일을 두고 몇 달을 고심하던 일이 떠오릅니다.

치열한 영업 경쟁 속에서 우리 회사의 기술력과 개발 기간을 고려하면 고객 요구사항을 제때 만족시키지 못할 것으로 예상하지만, 일단 뭐든지 할 수 있다고 장담하며 고객을 안심시키고 수주에만 전념하며 전쟁을 치르기도 합니다. 정직의 기준을 어디까지 적용해야 하는지 매번 수주 경쟁마다 고민합니다.

대금을 지급하지 못하는 협력업체를 채권 추심과 같은 법적 조처를 해서라도 미수금을 받아내야 하지만, 오랫동안 함께해온 회사의 딱한 사정을 외면하기 어려운 시간도 있었습니다. 하지만 결국 내 회사의 손실부터 막아야 하는 고심도 수차례 겪었습니다. 물론 그중에는 고의로 대금 지급을 회피하는 나쁜 회사도 있었습니다.

매 사업마다 벌어지는 모든 갈등을 온전히 하나님 뜻대로만 처리할 수는 없었습니다. 지난 15년 동안 하나님의 기준대로 정직과 사랑을 선택할 때도 있었고 때로는 현실과 타협하며 인간적인 선택을 하기도 했습니다. 모든 것을 완벽하게 하기는 어렵지만, 적어도 이제는 말씀의 기준을 먼저 생각하고 최대한 그 기준대로, 심지어 손실이 발생하더라도 하나님의 방식을 선택하려고 노력하고 있습니다.

겸손히 직원을 섬기는 회사

CBMC 강북비전지회 강사이신 덕소교회의 오대식 목사님을 통해 고린도전서 13장의 사랑에 대해 1년 내내 세밀히 말씀을 들었습니다. 회사의 목적은 이윤 추구이지만, 우리는 자기 유익을 구하지 않고 고객을 위해 직원들을 위해 먼저 사랑을 나누고 베푸는 경영이 중심이 되어야 한다고 하십니다. '회사의 이익을 위해 직원을 포기할 것인가? 직원을 위해 회사의 이익을 포기할 것인가?', '회사의 주인은 내가 아니라 하나님이시다', '우리는 하나님이 회사로 보낸 제사장이며, 직원들을 섬기는 사장이다', 하나같이 은혜가 되면서도, 경영자로서 무척 부담되는 말씀입니다.

(사랑은) 자기의 유익을 구하지 아니하며(고전 13:5)

얼마 전 임신 중인 여직원이 출산을 앞두고 퇴직을 고심하는 듯 보였습니다. 출산의 공백이 회사 입장에서 다소 손해가 되고 불편하더라도 한 가족으로 여기고, 내 아기라고 생각하며, 마음 편히 출산하고 복귀하도록 배려하였습니다. 이것이야말로 '킹덤 컴퍼니'의 첫걸음이라 생각하니 참으로 기뻤습니다.

이런 마음의 일환으로 임원이자 동시에 주주인 두 이사와 셋이서 매년 두 차례 주주 배당금 일부를 직원 전체에 나눠 주는 일을 몇 년째 진행하고 있습니다. 기대하지 않던 보너스를 받게 된 직원들은 당연히 기분 좋고 감사하게 생각하지만, 배려하는 두 임원도 함께 기뻐합니다. 이런 일들을 통해 한 걸음 한 걸음 말씀대로 실천할 수 있어 감사하게 생각합니다.

세상에서 제일 작은 예배

CBMC 강사이신 김종일 목사님께 우리 회사가 킹덤 컴퍼니로 쓰임 받으려면 어떻게 시작하면 좋겠느냐고 여쭈었습니다. 회사를 성전으로 생각하고 사장실을 성전의 지성소 삼아, 시간과 장소를 구별해 예배드리는 것으로 시작하면 좋겠다고 했습니다. 이후로 매주 수요일 1시간 일찍 출근해 혼자 사장실에서 예배를 드리고 있습니다. 예배의 이름을 '세상에서 제일 작은 예배'로 붙였습니다. 시작한 지가 벌써 5년이 넘었습니다.

혼자 드리는 예배지만, 전날부터 생각하고 준비하며 마음과 정성을 구별합니다. 일찍 일어나 예배 시간 전에 도착해 시간을 구별합니다. 사장실 책상 위에 성경, 찬송을 올려놓고 장소를 구별합니다. 그리고 마음을 구별해 거룩한 예배를 드릴 수 있도록 노력합니다. 이 예배를 통해 하나님께서 회사의 주인이심을 늘 잊지 않고 기억하며, 개인적으로는 큰 은혜와 감격을 누리고 있습니다.

말씀을 붙들고, 말씀의 프레임을 쌓아가며 하나님과 동행하는 이 귀한 시간이 제게는 회사를 경영하며 치열한 전쟁터와 같은 비즈니스 세계에서 지금까지 버티고 살아남을 수 있었던 힘이요, 비결입니다.

자기가 신이 된 세상에서 성도로 산다는 것

어느 시대에나 세대 차이와 세대 간 갈등은 있었습니다. 윗세대는 아래 세대와의 급격한 차이를 못마땅해하고 때로 충격도 받으며 특정 세대를 구분하는 명칭을 붙여왔습니다. 예를 들어 저희는 어른들에게 '컵라면 세대'라 불렸습니다. 부모 세대는 밥하려면 불 피우는 단계부터 쌀 씻는 것과 뜸 들이는 데까지 꽤 오랜 시간을 기다려야 했습니다. 하지만 컵라면은 뜨거운 물을 부으면 3분 만에 맛있는 라면을 먹을 수 있습니다. 세상이 빨라지고 원하는 것을 쉽게 얻는 것처럼 보인 우리 세대를 컵라면 세대라 부르며, 잠시도 기다리지 못하고 참을성이 없는 것을 한탄하며 비꼬는 의미로 붙인 별칭이었습니다.

요즘은 세대 차이를 넘어 서로를 이해조차 하기 어려운 상황에까지 이르렀습니다. 특히 Z세대로 불리는 요즘 세대들은 새로운 인류, 다른 인종으로까지 인식될 만큼 그 격차가 더 벌어지고 있습니다. 현재 쉰이 넘는 부모 세대는 장래 희망을 묻는 질문에 대통령, 판검사, 과학자, 선생님 등 획일적인 면이 있었습니다. 하지만 요즘 세대는 참 똑똑하고 현실적입니다. 서로 다른 다양함을 너그러이 인정하는 듯하지만, 직업이나 장래 희망에는 하고 싶은 것이나 되고 싶은 것을 다양하게 생각하기보다는 안정적으로 먹고사는 문제에 중심을 두고 있습니다. 도전, 열정과 패기보다는 안락하고 평탄한 삶이 우선입니다. 수년째 대학생이 생각하는 최고 인기 직업이 공무원이며 고시 열풍은 사그라질 기미가 없습니다. 남이 어떻게 생각하는 것은 중요하지 않고 오직 모든 것을 내 중심으로 생각하고 판단하고 살아갑니다. 우스갯소리로 청소년들에게 장래 희망을 물으니 "나는 재벌 2세가 희망인데 아버지가 노력을 안 하세요"라고 하더랍니다. 농담이기는 하지만, 그만큼 현실적이고 자기중심적인 면을 풍자한 말입니다.

무엇을 삶의 기준으로 삼을 것인가

그저 다양하다는 말로는 설명이 어려울 만큼 복잡하고 혼란스러운 시대입니다. 과학과 기술은 저처럼 평생 공학 분야에서만 일해온 저 같은 사람에게도 어지러울 만큼 눈부시게 성장하는 중이고, 특히 인공지능은 모든 분야에서 조금씩 인간 영역을 넘어서고 있습니다. 그동안 절대적인 것으로 여겨왔던 세상 가치와 기준은 점점 희미해지고 개성과 각자 생각이 지나치게 존중되어 불협과 갈등은 폭증하지만, 뚜렷한 해결책도 보이지 않는 세상입니다.

한반도는 남과 북으로 갈라져 있고, 우리 안에서는 진보와 보수로 나뉘어 심각한 갈등을 겪고 있습니다. 정치적 성향 이외에도 요즘 들어 부쩍 더 목소리를 키워가는 동성애와 동성결혼 문제, 이와 관련된 차별금지법, 페미니즘, 양심적 병역거부, 학생인권조례 등 너무나도 다양한 견해가 우리가 살아가는 이 사회에 바른 판단을 요구하고 있습니다.

이러한 상황에서 존경하고 따를 만한 국가 지도자를 찾기 어려운 상태입니다. 교회도 마찬가지입니다. 지도자로 존경받던 분들마저 사회적인 이슈들에 대해 서로 견해를 달리하고 있어, 우리가 과연 누구를 따라야 할지 헤아리고 결정하기가 참 어려운 시대입니다.

물론 살아가면서 믿고 따를 지도자, 존경하는 목회자, 좋은 멘토를 만나도록 세밀히 살피고 찾아야 합니다. 하지만 그 판단도 쉽지는 않습니다. 어떤 지도자를 따라야 할지, 무엇이 옳고 그른지를 판단하는 데 필요한 절대 기준을 갖고 있어야 합니다. 바로 말씀으로 자기 신앙의 기초 프레임을 든든히 다지는 일이 필수입니다. 말씀으로 기준 삼아야 합니다.

프레임 없는 삶은 내비게이션 없는 운전과 같다

'길맹'이라 불릴 만큼 방향감각 없고 길눈이 어두웠던 저는 같은 길을 여러 번 가도 헤매곤 했습니다. 처음 운전할 때도, 편리함과 즐거움보다는 모르는 곳을 찾아가야 한다는 스트레스가 더 컸습니다. 종종 복잡한 길이나 초행길은 약속보다 한참 늦은 시간에 가까스로 찾아가거나 심지어 끝내 못 찾고 되돌아간 경험도 종종 있습니다. 지금처럼 스마트폰이 있던 것도 아니고 차를 사면 두꺼운 책자로 된 전국 지도를 선물로 주던 시대였으니 말입니다.

잘 알지 못하는 장소로 이동할 때, 정확한 길을 안내받기 위해 우리는 내비게이션을 이용합니다. 소프트웨어 관점에서 보면 내비게이션은 두 가지 기능을 수행합니다. 하나는 정확한 지도 기능입니다. 도로나 건물이 수시로 바뀌기 때문에 늘 최신 지도 유지가 필요합니다. 요즘 스마트폰은 자동으로 업그레이드 되어 항상 최신 상태를 유지합니다. 또 다른 기능은 인공위성에서 GPS값(경도위도 좌표)을 받아 현재 위치를 지도상에 정확히 표시하는 기능입니다. 이 기능을 매핑(Mapping)이라고 합니다. 이 두 가지를 실시간으로 결합해 우리는 원하는 장소로 이동하는 길을 쉽게 찾습니다.

이렇게 세상의 길은 쉽게 찾아가는 방법이 있는데, 보이지도 않고 불명확한 상태에서 선택해야 하는 인생의 갈림길에서 어떤 길을 선택해야 할지를 우리는 어떻게 찾을 수 있을까요?

내비게이션의 '지도' 기능은 인생의 옳은 길을 보여주는 하나님의 말씀과 같습니다. 또한 현재 위치를 제대로 알게 하는 기능은 기도를 통한 성령의 인도하심으로 비유할 수 있습니다. 홍수처럼 밀려드는 세상 가치와 새로운 사상 속에서 우리는 무엇을 근거로 옳고 그름을 판단할 수 있을까요? 우리 인생에도 매번 선택의 갈림길에서 올바른 선택을 할 수 있도록 알려주는 내비게이션 기능이 있으면 얼마나 좋겠습니까? 수없이 반복되는 인생 광야에서 만나는 숱한 위기와 어려움을 이겨나갈 방법과 지혜를 알 수만 있다면 정말 신나지 않을까요?

끊임없이 이어지는 인생 광야를 돌파할 힘

어르신들이 요즘 젊은이의 생각과 행동을 못마땅해한다는 말을 종종 듣습니다. 하지만 우리 세대보다 훨씬 영리하고, 새 기술과 문화에 빠르게 적응하는 것을 보며 감탄하면서 미래를 희망적으로 봅니다. 핵가족 시대에 태어나 배고픔과 어려움 없이 자라서 그런지 영리하고 계산에 민첩한 반면, 인생 광야를 만나면 쉽게 무너지는 것을 주변에서 많이 봅니다.

돌이켜 보면 제가 인생의 광야에서 쓰러져 사라지지 않을 수 있었던 것은 기도와 말씀을 재발견한 덕분이었습니다. 우리 젊은 세대가 말씀으로 신앙 프레임을 미리미리 만들어두어야 할 이유입니다.

도저히 빠져나올 수 없다고 느껴졌던 광야에서 한 걸음씩 서서히 회복되었습니다. 사업도 차차 궤도에 올랐고, 투병 중이시던 장인어른과 장모님의 병간호에만 매달렸던 아내의 삶도 차차 회복되었습니다. 경제적인 문제도 하나씩 해결되어 어느 정도 안정을 찾았다고 생각했습니다.

이 정도면 광야에서 벗어났다고 할 수 있었지만, 인생은 언제나 문제가 해결되면 다른 쪽에서 새 문제가 시작됩니다. 이런 면에서 인생 광야는 끝이 없는 것 같습니다. 이후 아버지는 대장암 선고를 받고 수술을 받아야 했고, 수술은 잘 끝났지만 암이 전이되어 수년간 계속 항암 치료를 받고 계십니다. 끊임없이 찾아오는 사업 위기, 아이들이 자라면서 이어지는 대학 입시, 졸업과 취업 등 인생의 광야 길은 끝나지 않고 사는 날 동안 계속 이어집니다.

아직도 저는 인생의 광야를 헤매고 있고, 죽는 날까지 계속 이어지리라는 것도 알고 있습니다. 다만, 이제는 예전처럼 광야에 있다고 해서 지나친 근심 걱정으로 정상적인 삶을 살지 못할 정도까지 이르지 않으리라는 자신감이 생겼습니다. 든든한 말씀 프레임으로 인생 기초를 다져놓았기 때문입니다. 말씀이신 하나님을 경험한다면 누구든지 그렇게 될 수 있다고 확신합니다.

신앙 프레임은 절대 시간과 치열한 고뇌와 광야 훈련을 통해 서서히 만들어져 갑니다. 한순간에 쉽게 갖춰지지 않습니다. 청장년 세대들이여, 말씀을 붙들고 든든한 기초를 세워, 앞으로 상당 기간 이어질 인생의 광야를 이겨나갈 힘과 동력을 함께 만들어갑시다.

2부에서는 '성경적 세계관'을 기반으로 성경 전체의 이야기를 요약 정리해보겠습니다. 이 프레임을 기반으로 직접 성경 말씀을 읽고 나만의 프레임을 만들어가길 기대합니다.

2부

하나님의 눈으로 세상을 보다

1장

인생의
길을 묻다

예수께서 이르시되 내가 곧 길이요 진리요 생명이니 나로 말미암지 않고는 아버지께로 올 자가 없느니라(요 14:6)

문명과 국가, 개인 운명의 중심에는 길이 있다

졸업 후, 컴퓨터 소프트웨어를 개발하는 회사에 입사했습니다. 몇 년 후, 지금은 고인이 되신 남궁석 사장께서 삼성SDS로 부임했습니다. 이 어른이 직원 대상으로 '길(way)'에 대해 강연하신 것이 아직도 생각납니다. 미국이 지금의 초강대국이 된 배경이 여럿 있지만, 그 핵심 중 하나는 길을 잘 관리했다는 것이었습니다.

- 철도 Rail**way**
- 고속도로 High**way**
- 항로 Air**way**
- 정보화 고속도로 Information High**way**

증기기관이 발명된 이후에 미국 대륙에 동서남북으로 곧게 뻗은 기나긴 철도(Railway)가 건설되어 석탄과 철광석 등의 주요 물자가 동서남북으로 순환하며 산업화의 기틀을 다져나갔습니다. 포드의 자동차 발명 이후로 고속도로(Highway)가 거미줄같이 전국에 건설되어 사람과 자원이 원활히 왕래하는 기반을 마련하며 국가는 크게 성장합니다. 개인적으로 길맹이라 내비게이션이 없던 시절 국내에서는 길 찾기에 늘 애를 먹었습니다. 하지만 미국 출장을 가면 쉽게 길을 찾을 수 있었는데, 고속도로 시스템이 정말 잘 되어 있고, 도로뿐 아니라 도로 번호와 안내 표시가 체계적으로 운영되고 있기 때문이었습니다.

그 이후 제2차 세계대전을 지나며 항공기술이 급격히 발전했고, 비행기가 다니는 항로(Airway)는 크게 확장되었습니다. 흔히 하늘에 무슨 길이 있겠나 생각하겠지만, 하늘에는 비행기가 다니는 항로가 있습니다. 이 길은 눈에 보이지는 않지만 세계의 공항들을 효율적으로 연결하면서 운행 중에 충돌하지 않도록 세심하게 설계되어 있습니다. 이 강연을 듣던 당시 미국 내 국내선 항로의 총 길이가 전 세계 항로를 연결해 놓은 것보다 더 길다고 할 정도였습니다.

마지막으로 빌 클린턴 대통령이 언급한 정보화 고속도로(Information Highway)라는 개념이 있는데, 쉽게 말해서 전 세계에서 제일 빠르고 값싼 비용으로 자국민이 인터넷을 사용하도록 하겠다는 것입니다. 정보화 시대를 만나면서 정보를 가장 쉽고 빠르게 얻을 수 있게 하겠다는 단순하면서도 핵심적인 공약이었습니다.

자원도 없고 국토도 협소한 우리나라는 정보화 시대에서는 앞서갈 준비를 해야 한다고 남궁석 사장은 강조했습니다. 이후 그는 가장 빠른 인터넷을 가장 저렴한 비용으로 누구나 쓸 수 있도록 해야 한다는 소신을 펼치다가 1998년도에 정보통신부 장관으로 발탁되어, 대한민국이 인터넷 세계 최강국, 즉 정보를 연결하는 최고의 길을 보유한 국가로 인정받게 하는 데 크게 기여했습니다. 결국 국가 발전의 중심에는 '길'이 있다는 신념이 옳았음을 실제로 증명해보인 것입니다.

제국과 문명의 길

CBMC 강북비전지회에서 몽골 바그노르에 있는 한 병원에 의료장비를 기증하는 행사에 참석차 몽골에 다녀왔습니다. 인생 처음으로 그 넓고 긴 지평선을 보았습니다. 버스 유리창에 스마트폰을 붙여놓고 동영상을 찍으니 몇 시간 내내 드넓은 벌판, 끝없는 지평선, 계속 같은 장면이 이어집니다.

칭기스칸이 거대한 몽골제국을 확장해갈 때는 말을 통한 기동전과 뛰어난 전투력으로 가는 곳마다 승승장구해 엄청난 영토를 확보하긴 했지만, 전쟁만 이겼을 뿐 제국의 문화나 종교나 통치력이 머나먼 속국에 미치기에는 영토가 너무 넓었습니다. 큰 제국을 이루고 성공적으로 영토를 확장해갔지만, 영향력은 미미했습니다. 그러므로 그들의 통치권은 역사 기록으로만 남아 있고 흔적은 대부분 사라졌습니다.

반면에 로마제국은 정복한 나라마다 건축물을 세우고 통치력이 미치도록 애썼으며 무엇보다 마차가 다닐 수 있는 길을 닦는데 역점을 두었습니다. '모든 길은 로마로 통한다', 이것이 괜히 나온 말이 아닙니다. 마차가 다닐 수 있는 규격의 잘 닦여진 길(도로)을 통해 사람과 군수물자와 힘과 권력과 문화와 온갖 종류의 교역물이 서로 교환되고 교류되고 이어지며 로마제국의 영향력은 점점 확대되었습니다. 심지어 예수 그리스도의 복음도 로마에서 닦아놓은 길을 따라 온 세상에 퍼지게 되지 않았습니까? 마치 하나님께서 미리 예비해두신 것처럼 길을 통해 복음의 문이 열립니다. 이처럼 세상 제국과 문명의 중심에는 '길'이 있었습니다.

인생의 바른길, 예수님

예수님은 자신을 길, 진리, 생명에 비유하십니다. 진리이신 예수님, 만물의 창조주요, 생명의 근원이신 예수님은 이해할 수 있지만, 왜 자신을 '길'이라 하셨을까요?

> 예수께서 이르시되 내가 곧 길이요 진리요 생명이니 나로 말미암지 않고는 아버지께로 올 자가 없느니라(요 14:6)

요한복음 14장 6절 앞부분에는 십자가 사건을 앞두고, 예수께서 제자들과 나누신 대화가 나옵니다. 예수님은 "내가 잠시 아버지 집에 다녀올 것인데, 아버지 집에 거할 곳이 많거든. 너희를 위해 거할 처소를 예비하러 가는데 다시 오면 너희도 그 길을 알게 될 거야"라고 하십니다.

궁금한 것은 못 참고 단도직입적으로 묻는 기질이 있던 도마는 "어디로 가시는지도 모르는데, 그 길은 어찌 알겠습니까?"라고 돌직구 질문을 날립니다. 그의 우문에 대한 예수님의 현답이 "내가 곧 길이요 진리요 생명이니 나로 말미암지 않고는 아버지께로 올 자가 없느니라"입니다. 한술 더 떠서, 제자 빌립이 엉뚱한 이야기를 합니다. "우리에게 그 아버지를 보여주세요!" 예수께서는 "나를 본 사람은 아버지를 본 것인데 뭘 또 보여달라 하나?"라고 대답하십니다.

하나님 아버지께로 갈 수 있는 유일한 길, 예수님! 예수님을 붙잡고 우리는 인생의 바른길을 찾아야 합니다. 오직 예수만이 진리의 길이자 생명의 길이고, 아버지께로 갈 수 있는 유일한 길임을 깨달아야 합니다.

가만히 생각해보면, 우리는 살면서 끊임없이 길을 묻습니다. 그래서 '인생은 선택의 연속'이라는 말이 있나 봅니다. 어떤 대학에 진학할지? 전공은 어떻게 선택할지? 공부를 더 할지, 취업을 할지? 어떤 회사로 갈지? 어떤 배우자를 만날지? 어떤 차를, 어떤 집을 사야 할지? 수많은 길 중에 무엇이 옳은지 선택할 때마다 불안하고 확신이 없습니다. 선택한 후에 안도하기도 또는 후회하기도 합니다. 각자 나름대로 생각과 철학이 있고, 인생의 중요한 선택의 갈림길에서 비교적 옳은 선택을 할 수 있다는 막연한 자신감으로 살아가는 사람이 많습니다. 하지만 우리보다 능력 있고, 재물이 넉넉하며, 존경을 받는 분 중에도 한순간 선택을 잘못해 인생에서 큰 실패를 경험한 분도 많습니다.

예수님은 당신 자신이 바로 길이라 이야기하십니다. 그러나 제자들처럼 예수님이 바로 내 곁에 계시지 않은 인생의 수많은 갈림길에서 우리는 어떤 길을 선택해야 할까요? 무엇을 기준으로 결정해야 할까요?

세계관, 인생의 길을 결정하는 나침반

세계관이라는 말은 철학자 임마누엘 칸트(1772~1804)가 처음 사용했다고 합니다. 세계관이라는 다소 철학적이고 학술적인 용어를 굳이 사용하지 않더라도, 사람은 누구나 어떤 사건이나 상황에 대해 각자 자신만의 생각, 견해, 의견, 관점, 인생 철학 등을 갖고 있습니다.

세계관은 영어로 'Worldview' 또는 'A Perspective Of A World'라고 합니다. 쉽게 이야기하면 세상을 바라보는 눈, 시각, 틀로 설명할 수 있습니다. 많은 책이 세계관을 쉽게 설명하는 방법으로 '색안경' 비유를 듭니다. 붉은색 렌즈를 통해 세상을 보면 모두 붉게 보이고, 푸른색 렌즈를 통해 세상을 보면 모두 푸르게 보입니다.

둘이 서로 다른 색의 렌즈를 쓰고 자신이 보는 것이 맞다고 주장하면 다툼이 생길 수밖에 없습니다. 같은 사물을 보면서 한 사람은 붉다고 하고 한 사람은 푸르다고 하면서 끝없이 싸울 수도 있습니다. 둘 중 한 사람이라도 먼저 자신이 쓰고 있는 색안경을 벗고 다른 사람의 안경을 써봐야만 그 차이를 알 수 있습니다.

실제로 나이가 들수록, 지식이 더할수록, 경험이 쌓일수록 자기 안경을 먼저 벗고 다른 사람의 안경을 빌어 써보는 일이 쉽지 않습니다. 자기가 쓴 안경에 대한 확신이 너무나 견고한 나머지 다툼만 쌓여갑니다. 그래서 처음부터 세상을 보는 바른 안경을 쓰도록 노력하는 것이 중요하다고 생각합니다.

같은 대상, 다른 연결

사회심리학자 리처드 니스벳의 《생각의 지도》라는 책을 보면 꽤 유명한 실험이 있습니다. 동양적 사고와 서양적 사고의 차이를 쉽게 설명해주는 재미있는 실험입니다.

호랑이, 원숭이, 바나나가 있습니다. 이 셋을 두 그룹으로 나눈다면 어떻게 묶는 것이 좋을까요? 호랑이와 원숭이를 하나로 묶고 바나나를 남기는 방법 혹은 원숭이와 바나나를 묶고 호랑이를 남기는 방법이 있습니다. 당신은 어떻게 분류하겠습니까?

정답은 없습니다. 동양인은 대개 원숭이와 바나나를 한 그룹으로 묶습니다. 원숭이가 바나나를 좋아하니까 서로 연관

Q. 원숭이, 바나나, 호랑이 중
서로 연관성이 깊은 단어 두 개를 짝지어 보세요!

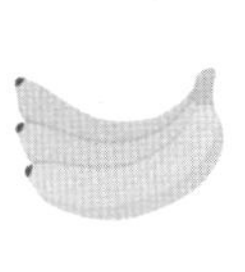

아시아인

왜? 원숭이가 바나나를 먹으니까!
→ **연관적 사고**

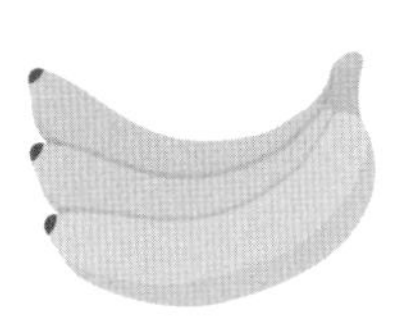

서양인

왜? 원숭이랑 호랑이는 동물이니까!
→ **분류적 사고**

성(Relation)이 있다고 보는 것이지요. 이를 관계적(연관적) 접근이라고 합니다. 서양인은 대개 원숭이와 호랑이를 한 그룹으로 묶는데, 둘은 동물이고 바나나는 식물이기 때문에 같은 범주(Category)라고 생각한다고 합니다. 이를 범주적(분류적) 접근이라고 합니다. 이렇게 생각하는 방식의 차이가 재미있지 않습니까?

세상에는 다양한 세계관과 서로 다른 많은 가치관이 섞여 있어 바른길을 선택하기가 몹시 어렵습니다. 진보와 보수, 이념 대립, 학생 인권 조례, 양심적 병역거부, 페미니즘, 성소수자 문제, 동성애/동성결혼 문제, 남북문제, 기독청년 세대(30세 이하 복음화율은 3퍼센트인데 이는 미전도 종족 기준 5퍼센트에 해당합니다), 포스트모더니즘 현상 등으로 복잡한 이 세상에서 우리는 과연 어떤 기준으로 어떤 세계관을 지니고 살아가야 하며, 자녀 세대에게는 무엇을 가르치고 무엇을 유산으로 남길 수 있을까요?

핵심, 꼭 기억합니다!

잘 닦여진 길을 통해 힘과 권력과 문화와 온갖 교역물이 교환되고 이어지며 영향력이 확대되듯이 세상 제국과 문명의 중심에는 항상 '길'이 있었습니다. 예수님은 자신을 '길'로 소개하시면서 자신을 기준 삼아 선택하면 결코 후회하지 않는다고 하십니다.

낯선 곳을 찾아갈 때 내비게이션을 이용해 끊임없이 자기 위치를 교정하고 목적을 확인하듯이, 인생의 수많은 갈림길에서 그분이 기준이 되는 선택을 하려면 어떻게 해야 할까를 생각해봅시다.

2장

세상을 바라보는 다양한 시각

주의 말씀은 내 발에 등이요 내 길에 빛이니이다(시 119:105)

세계관은 왜 중요한가

스마트폰 없는 삶은 상상할 수 없는 시대가 되었습니다. 스마트폰은 눈에 보이는 하드웨어와 눈에 보이지 않지만 하드웨어를 운영하는 소프트웨어로 구성되어 있습니다. 이 소프트웨어는 애플리케이션 소프트웨어와 시스템 소프트웨어로 구분할 수 있습니다. 애플리케이션 소프트웨어는 주로 사람과 대화하는 소프트웨어입니다. 우리가 사용하는 대부분 소프트웨어는 애플리케이션 소프트웨어입니다. 우리는 이를 줄여서 앱(App)이라고 부릅니다.

반면에 시스템 소프트웨어는 주로 하드웨어(스마트폰 기기)와 대화하는 소프트웨어이며, 대표적인 것이 운영체제(Operating System)입니다. 우리는 이를 OS로 줄여 이야기합니다. 스마트폰의 대표적인 OS는 안드로이드와 iOS 운영체제입니다. 사람의 정신에 비견되는 이 OS가 다르면 상호 호환이 되지 않습니다. 안드로이드 앱은 아이폰에 설치할 수 없고 설치한다고 해도 실행되지 않습니다. OS가 다르기 때문입니다.

마찬가지로 세계관이 다른 사람 사이에는 정도의 차이는 있겠지만 원활한 대화나 소통이 이루어지지 않으며, 그 불일치나 갈등이 심하면 다툼이나 분쟁이 발생합니다. OS가 다르면 앱이 호환되지 않듯, 서로 다른 세계관을 가진 사람끼리는 소통이 되지 않아 함께 조화를 이루며 살아가기 어렵습니다.

세계관의 차이는 다툼과 분쟁의 씨앗

세계관은 학자가 아닌 일반인 사이에서는 철학, 신념, 신앙, 관점(인생관, 경제관 등), 의견, 견해, 사상 등의 용어와 혼용해 사용하며, 이들 용어는 서로 밀접하게 연관됩니다. 대화를 나눠보면 보통 자신에게는 특별한 세계관이 없다고 말하는 사람이 많습니다. 하지만 어떤 대상이나 상황이나 현상에 대해 구체적인 이야기를 나누다 보면 각 사람에게는 고유한 생각이 있고, 그 생각은 서로 다릅니다. 예를 들어 국가 정책 중에 복지나 세금, 교육 등 생활에 밀접한 이야기가 나오면, 평소에 뚜렷한 주관이 없어 보이던 사람들도 자기 생각을 피력하며 대화에 집중하는 모습을 볼 수 있습니다. 종교를 보더라도 기독교, 불교, 천주교 신자의 생각이 서로 다르고 이슬람교, 힌두교 등도 각각 생각의 틀이 있습니다. 물론 무신론자도 있습니다. 인생관이 낙천적인 사람도 있고 염세적인 사람이 있고, 정치관이 진보적이거나 보수적일 수도 있습니다. 이 밖에도 경제관, 역사관, 사회관 등 서로 다른 많은 생각의 틀과 기준들이 다양하게 존재합니다.

이러한 생각의 틀이 서로 다르면, 작게는 말다툼이 일어나고 얼굴을 붉히며, 생각에서 서로 큰 차이를 느끼면서 인간관계가 멀어지거나 깨질 수도 있습니다. 이 차이가 깊어지면 불일치, 부조화, 갈등, 분쟁을 넘어 심지어 국가 간 전쟁으로까지 이어집니다.

개인적으로 이태원에서 난민 사역을 하는 선교단체를 돕고 있습니다. 수많은 난민 신청자가 대기 중인데, 특히 요즘은 예멘의 난민 신청자가 이태원에 많이 거주합니다. 시리아, 예멘 등의 중동국가는 잦은 내전으로 국민의 상당수가 국외로 피신했는데 주요한 이유 중 하나가 같은 종교 안에서 벌어지는 종파 간 갈등 즉, 종교적 세계관의 차이 때문입니다.

어찌 보면 우리의 6.25 전쟁도 이념과 사상의 차이로 발생한 동족상잔의 비극 아니겠습니까? 현재 우리나라의 좌우 대립과 각종 사회적 갈등으로 발생하는 비용이 수조 원에 달한다는 연구 결과도 있습니다. 이렇게 세계관 차이는 서로 이해하고 화합해 극복하지 못하면, 훗날 큰 손실과 위험으로 이어질 가능성이 높습니다.

좋은 세계관의 특징

브라이언 왈쉬와 리처드 미들턴은 《그리스도인의 비전(The Transforming Vision: Shaping a Christian World View)》에서 좋은 세계관은 현실성, 내적 통일성, 개방성(확장성) 등의 특징을 갖추고 있다고 소개합니다. 어떤 생각이나 견해가 현실적이고 타당해야 함은 당연하겠지만, 통일성과 개방성도 좋은 세계관에 꼭 필요한 특성입니다.

예를 들어 한 성경 안에서 신약이 구약에서 한 이야기와 다른 방향으로 설명하든지 예수님의 대한 예언과 실현이 신구약에서 서로 연결되지 않는다면 한 성경 안에서도 내적 통일성이 없다고 볼 수 있습니다. 100년 전에는 옳았지만, 현재는 안 맞는다거나 유럽과 서양에는 들어맞는데 동양에는 적용되지 않는다면 개방성이나 확장성이 낮다고 볼 수 있겠지요? 이러한 사항을 염두에 두고 고민해보면 좋은 세계관을 구분하는 데 도움이 됩니다.

세계관에 대한 대표적인 정의를 모아보면 다음과 같습니다(출처: IVF성경적세계관 세미나, 1991).

- 궁극적 신념의 집합(쇠렌 키에르케고르)
- 실재에 대한 정신적 이해(솔 택스)
- 이 세계의 근본적 구성에 대해 우리가 견지하는 전제들의 집합(제임스 사이어)
- 제반 사물에 관해 개인이 가진 기본 신념의 포괄적 체계(앨

버트 월터스)

- 하나님 계시의 중심 진리들을 숙고함으로 깊은 진리들을 체계화한 것(노드슨)

《그리스도인의 비전》에서 두 저자는 다음과 같은 기본 질문을 통해 세계관을 정리하려고 했습니다.

- 나는 어디에서 왔는가?(Where am I from?)
- 나는 어디에 있는가?(Where am I?)
- 나는 누구인가?(Who am I?)
- 무엇이 잘못되었는가?(What's wrong?)
- 해결책은 무엇인가?(What's the remedy?)

각자가 이 질문에 대한 답을 생각해보고 이야기를 나눠본다면 서로의 세계관과 차이를 발견할 수 있습니다. 예를 들면 신이 있다고 생각하는 사람들은 나는 신의 창조로 이 땅에 나와 살아간다고 이야기할 것이고, 무신론자는 자연 발생을 통해 진화가 시작되었고, 그 진화의 산물로 지금 여기 있다고 할 것입니다. 이 기초적인 질문들을 다른 세계관을 정리하고 이해하는 데 좋은 도구로 활용되고 있습니다.

세상에 영향을 끼치는 대표적인 세계관

우리의 궁극적 관심은 성경적 세계관으로 인생의 프레임을 형성하는 일이지만, 다른 세계관을 이해하는 일도 필요합니다. 또한 다른 세계관을 공부하는 과정에서 내가 가진 세계관과 비교하면서 더 깊고 폭넓게 이해할 수 있습니다. 세상에 영향을 끼치는 대표적인 여섯 가지 세계관을 데이빗 A. 노에벨의 《충돌하는 세계관(Understanding the Times: The Collision of Today's Competing Worldviews)》에 나온 분류 중심으로 간략히 정리해보겠습니다.

이슬람(Islam)

'이슬람' 하면 많은 사람이 두려움, 9·11테러, IS(이슬람 무장단체), 살인·범죄, 지하드(성전) 등의 이미지를 떠올립니다. 전 세계에서 16~18억 명 정도로 추산합니다. 서기 610년 선지자 무함마드가 천사로부터 계시를 받아 창시했다고 합니다. 서기 629년에 무력으로 메카를 정복했으나, 632년에 무함마드가 사망하면서 3년 만에 분열이 시작됩니다. 후계자를 선거로 선출하자는 수니파와 혈통으로 후계자를 삼아야 한다는 시아파로 갈라져 지금도 갈등하고 있습니다.

기독교와 마찬가지로 유일신 사상입니다. 다만 기독교는 오직 믿음으로 구원을 얻는다고 믿지만(타력 종교), 이슬람은 다섯 가지 규율(다섯 기둥)을 성실히 수행함으로써 구원을 얻는다고 믿습니다(자력 종교). 그 다섯 기둥이란 샤하다(신앙고백), 살라트(하루 5번 기도), 자카트(수입의 2.5퍼센트 자선), 사움(라마단 기간 낮 동안 금식), 핫지(평생 한 번 메카 순례)입니다. 이 다섯 가지를 평생 열심히 수행해야 천국에 이른다고 합니다. 일생 지은 죄와 평생 수행한 다섯 기둥을 저울에 달아 천국행을 결정한다고 말합니다.

한편 이슬람국가 건설을 위해 치르는 전쟁을 지하드(성전)라고 하는데 지하드를 수행하다가 죽으면 순교로 인정되어 다섯 기둥과 관계없이 천국에 갈 수 있다고 합니다. 이 교리로 죽음을 두려워하지 않고 전쟁, 테러, 특히 자살폭탄테러와 같은 일들을 두려움 없이 수행하는 과격 단체들이 있습니다. 이들 그룹은 평화를 사랑하는 이슬람 전체에 비하면 소수이지만, 충격적인 여러 테러 사건과 전쟁 때문에 전 세계는 공포와 두려움의 시선으로 바라보고 있습니다. 현재 국내에도 많은 이슬람 난민 신청자들이 들어와 있습니다.

세속적 인본주의(Secular Humanism)

눈에 보이는 현실이 중요하다고 생각합니다. 관측, 실험이나 검증이 불가능한 신, 사탄, 영혼, 천국 등 모든 초자연적인 현상과 존재를 부정합니다. 신뢰하는 것은 오직 과학과 기술입니다. 이성적 판단이 중요하며 생명 또한 과학적인 접근을 시도합니다. 당연히 진화론을 따르며 인간은 우연히 발생한 진화의 산물이라고 생각합니다. 종교와 무지를 경멸합니다. 이들에게 무지는 알지 못한다기보다는 모르면서도 학습하지 않는 태도를 말합니다.

유발 하라리는 《사피엔스》에서 인간의 특성 중 하나로 상상력을 이야기합니다. 실제로 실체 없는 역사 속 강대한 제국, 은행에 숫자로만 존재하는 화폐, 시장경제 시스템, 신과 종교 등을 상상으로 만들어놓고, 그 제도와 틀이 마치 실제 있는 듯 따르는 것이 인간이라고 이야기합니다. 가까운 지인이 이 책을 선물하며 결국 신은 인간의 상상으로 만들어낸 허상이라고 이야기하는데, 저와 같은 부류의 엔지니어는 대부분 이런 논리에 공감합니다. 실제로 주변의 많은 기술 분야 종사자들은 무신론자이며 세속적 인본주의자입니다. 그들에게는 과학과 기술이 인류를 지배하는 세상이 이상향입니다. 이런 세계관을 지닌 사람들은 세계의 이목을 집중시켰던 바둑 대국에서 인공지능 알파고가 이세돌 9단을 이겼을 때, 안타까움과 공포보다는 희열과 희망을 느끼지 않았을까요?

리차드 도킨스, 아이작 아시모프, 칼 세이건 등 유명한 지식인을 중심으로 전 세계적으로 막강한 지지세를 확보하고 있습니다. 복음을 받아들이지 않은 젊은 층과 청소년들에게는 가장 이성적이고 합리적인 세계관으로 비칩니다.

마르크스주의(Marxism)

칼 마르크스(1818~1883)에 의해 시작된 사상입니다. 우주의 근원은 물질에 있다는 유물론 사상과 세속적 인본주의와 마찬가지로 무신론, 진화론을 따릅니다. 세상 역사를 부르주아 대(對) 프롤레타리아 간 계급투쟁 관점에서 보며 부자(지주, 자본가)의 억압과 착취로 빈자(노동자, 농민)의 소외와 불평등이 커져간다는 관점을 보입니다. 사유재산을 철폐하고 국가와 권력이 모든 부를 관리하는 것이 이상적인 사회이며 이렇게 해서 모두가 평등한 사회를 건설하는 것이 목적입니다. 하지만 발달한 자본주의 국가의 노동자가 더 궁핍해질 것이라는 마르크스의 예언은 빗나갔으며 실제로는 공산주의의 경직성과 일인 또는 일당체제 독재가 사유재산의 몰수와 함께 가는 곳마다 경제적 침체를 낳았습니다.

모든 행위는 가장 많은 사람에게 가장 큰 공익을 가져다주는 방향으로 감독되어야 한다는 공리주의를 기본적인 도덕 체계로 갖고 있습니다. 이를 쉽게 설명한 슬로건이 '결과가 모든 수단을 정당화한다'는 이론으로 '더 높은 선'을 달성함에 이웃을 학대하는 것을 정당화하게 됩니다. 가령 공산혁명을 완수하는 데 방해되는 요소를 척결하려면 폭력이나 전쟁까지도 용인할 수 있다는 윤리관을 견지합니다. 이로 인해 스탈린의 대숙청이나 모택동의 문화혁명 등 여러 나라의 공산화 과정 중에 수를 헤아리기 어려운 엄청난 사람들이 죽임을 당하였습니다.

1989년 베를린 장벽이 무너지고 동서독이 통일되면서 공산주의는 소멸했다고 여겼습니다. 하지만 아직도 이상적 사회주의를 꿈꾸는 사람이 많습니다. 이들은 실패한 공산주의 시스템에 전적으로 동의하는 것은 아니지만, 현 자본주의 체제에 불만이 있습니다. 극심한 양극화와 가진 자들의 횡포, 분배의 불균형은 지금 이 사회가 공정하지 못한 경제 시스템을 가진 정의롭지 못한 사회라는 증거라고 생각합니다. 자본주의와 자유시장 경쟁 체제의 부정적인 측면을 지나치게 과장하며, 자신의 사회주의 이상을 실현하려는 시도는 전 세계적으로 계속되고 있습니다.

우주적 인본주의(Cosmic Humanism, 뉴에이지)

만물에 신이 깃들어 있다는 범신론적 관점과 온 우주는 하나로 연결되어 있다는 시각으로 세상을 바라봅니다. 명확한 정의

나 범위를 지정하기는 어려우나 윤회나 신, 초자연적 현상을 인정하며 동양 종교나 신비주의 사상에 동조합니다.

눈에 보이지 않는 영적 세계를 인정하면서도 제도화된 기성 종교의 강요나 억압에는 부정적으로 대합니다. 뉴에이지 운동은 통합 이론이나 지도자가 없는 듯하지만, 서구에서 경이로운 속도로 성장하고 있습니다. 세계적인 뉴에이지 지도자 존 란돌프 프라이스는 지구상에 5억 명의 뉴에이지 신봉자가 있다고 말합니다. 제 주변의 일부 지인 중에는 평소 이성적이고 합리적으로 보이다가도 사주, 관상, 운세, 타로점 등에 관심을 보이며 많은 돈을 들여 용하다고 소문 난 곳을 찾아다니는 사람들도 있습니다.

뉴에이지 세계관은 특히 영화, 음악 등 문화계를 통해 많은 사람에게 영향을 미칩니다. 〈사랑과 영혼〉, 〈매트릭스〉, 〈아바타〉, 〈스타워즈〉 등에서 그 특성을 엿볼 수 있습니다. 요즘 국내 드라마나 영화 중에도 서로의 영혼이 바뀌거나 여러 차례 윤회의 과정을 거쳐 환생하는 등의 스토리를 흔하게 볼 수 있습니다. 실체가 없는 듯 보여도 수많은 사람이 그 영향을 받고 있습니다.

포스트모더니즘(Post Modernism)

포스트모더니즘이라는 용어는 본래 건축학에서 유래했습니다. 간략히 설명하기 위해 전근대(Pre-modern), 근대(Modern)를 가리키는 키워드와 함께 요약해보겠습니다.

전근대(Pre-modern)

- 키워드: 무지와 두려움(근대의 이성이 깨어나기 이전)
- 특징: 자연의 크고 위대함에 대한 경외심과 홍수, 화재 등의 천재지변처럼 알지 못하는 것에 대한 두려움 때문에 신과 종교 등에 의존합니다. 신들의 노여움을 달래며 사는 것이 지혜라 생각하며(각종 제사와 절기, 숭배), 왕과 제사장들의 권위에 순종합니다.

근대(Modern)

- 키워드: 이성, 자아, 합리적 의심
- 특징: 14~15세기의 르네상스와 과학혁명 시대, 16세기 종교개혁을 거쳐 18세기 계몽주의 사조에 이르기까지 과학기술의 발전과 이성의 자각을 통해 신과 종교에 무조건 복종하는 전근대적인 무지와 두려움과 결별합니다. 이렇게 발전된 과학 기술과 깨어난 이성은 기존의 종교와 갈등을 일으킵니다. 종교보다 과학, 기술, 이성에 근거한 탐구가 더 우월하고 정확하다고 신뢰합니다. 데카르트, 칸트 등이 대표적인 철학자입니다.

후기근대(Post-modern)

- 키워드: 다양성 인정, 기존 틀 해체, 타협과 포용
- 특징: 세상이 복잡해지고, 너무나도 많은 생각과 의견이 범

람하기 시작했습니다. 과학 기술과 이성만으로는 해결되지 도 설명되지 않는 다양한 사건과 사회 현상 때문에 과학과 이성은 절대적이라는 신뢰가 깨지기 시작합니다. 욕망, 무의식 등의 불확실한 영역에 대한 명확한 해석이나 해결책을 제시할 수 없게 되었습니다. 복잡하고 다양한 사상과 의견은 모두 존중받아야 하기에 하나의 주장이나 법칙이나 기존의 틀로는 그 다양성을 다 이해할 수도 설명할 수도 없기 때문입니다. 결국 서로 다르다는 다양함을 인정하고 이해하는 것이 중요하다고 생각합니다. 종교나 법, 기존 질서에서 정해놓은 절대 가치나 진리만을 강요하는 것을 억압으로 생각합니다. 절대적 진리나 보편적 가치를 해체하고 다양한 의견과 현상을 인정, 포용하고 타협점을 찾아나가야 한다고 생각합니다.

기독교(Christianity)

기독교에서 말하는 이 세상의 역사는 '하나님의 창조'에서 시작됩니다. 처음 신이 의도한 완전한 세상은 '인간의 타락'으로 손상되었고, 이 사건으로 모든 문제가 발생했으며, 결국 불완전하고 죄악 가득한 세상이 되었습니다. 이를 해결하고자 신이 직접 이 땅에 내려오셔서 죽을 수밖에 없는 모든 인류를 용서하고 온 우주를 회복시키는 '구속(구원)'의 역사를 이룹니다. 성경을 하나님이 인류에게 주신 말씀으로 받아들이고 '창조 - 타락 - 구속'의 관점으로 인류 역사를 바라봅니다.

다음 표에서는 앞에서 살펴본 여섯 가지 세계관이 인류 지성의 역사와 어떻게 연관되어 있는지를 한눈에 들어오도록 정리했습니다.

| 세계관의 비교 |

	기독교	이슬람교	세속적 인본주의	마르크스-레닌주의	뉴에이지	포스트 모던주의
근거	성경	코란, 하디스, 수나	인본주의 선언 1~3	마르크스, 엥겔스, 레닌, 마오쩌뚱	맥레인, 스팽글러, 쵸프라, 월시	니체, 푸코, 데리다, 로티
신학	유신론 (삼위일체론)	유신론 (일신론)	무신론	무신론	범신론	무신론
철학	초자연주의 (신앙과 이성)	초자연주의 (신앙과 이성)	자연주의	변증법적 유물론	비자연주의	반실재론
윤리학	절대적 도덕	절대적 도덕	상대적 도덕	노동자 도덕	상대적 도덕 (카르마)	상대적 문화
생물학	창조론	창조론	네오다윈 주의	단속 진화론	우주적 진화론	단속 진화론
심리학	심신이원론 (타락)	심신이원론 (타락불인정)	일원론 (자아실현)	일원론 (행동주의)	높은 의식	사회적으로 구축된 자아들
사회학	전통적 가족, 교회, 국가	다처제, 회당, 이슬람 국가	비전통적 가족, 교회, 국가	계급 없는 사회	비전통적 가족, 교회, 국가	성적 평등주의
법학	신법/자연법	샤리아법	실정법	노동자법	자아법	비판법학 연구
정치학	정의, 자유, 질서	이슬람 신정	자유주의	국가 통제주의	자아 국가	좌익주의
경제학	소유의 청지기 의식	소유의 청지기 의식	간섭주의	사회주의	만유의 계몽된 생산	간섭주의
역사학	창조, 타락, 구속	역사적 결정론	역사적 진화	역사적 유물론	진화 중인 신성	역사주의

출처: 데이빗 A. 노에벨, 《충돌하는 세계관》, 꿈을이루는사람들, 2013

무신론의 뿌리 자연주의 세계관

제임스 사이어는《기독교 세계관과 현대사상》에서 주요 세계관을 다른 방식의 분류로 설명합니다. 그중에서 다른 여러 세계관에 핵심적인 사상의 뿌리를 제공한 '자연주의 세계관'을 소개합니다. 과학과 기술의 발달로 18세기 무렵 형성된 자연주의 세계관은 신을 부정하며 많은 세계관에 영향을 끼칩니다.

그 내용의 중심은 다음과 같습니다. 첫째, 물질은 영원하며 그 이외에는 존재하지 않는다(신은 없다). 유물론과 무신론을 주장합니다. 둘째, 우주는 폐쇄 체계이며 불변의 인과율로 유지된다. 즉 우리가 살아가는 시공간 체계에 초자연적인 영역은 존재하지 않으며, 따라서 초자연적 힘도 영향을 끼칠 수 없다고 이해합니다. 신이 개입할 여지가 없다는 것입니다. 셋째, 인간은 복잡한 기계일 뿐이다. 인간 역시 우주만물 중 한 개체에 불과하므로 특별히 귀중한 것은 아니라는 주장입니다(진화론). 하지만 인간 신체는 진화로 설명할 수 있더라도 인격은 설명이 어렵습니다. 인격은 화학적, 물리적 성질의 상호 관계로 이해합니다. 넷째, 사망은 인격과 개체성의 소멸이다. 즉 사후 세계는 없다고 합니다. 다섯째, 역사는 인과율로 연결된 사건들의 직선적 연속이나 전체적인 목적성은 없다. 다시 말해, 인류 역사는 우연히 생겼고 우연히 진행되고 있다고 해석합니다.

이 자연주의 세계관이 18세기부터 지금까지도 지속하는 이유는 정직하고 객관적이라는 인상을 주기 때문입니다. 또한 과학적 탐구와 학문의 확실한 결과에 근거한 것들만 받아들이기 때문입니다. 자연주의에서 전제하는 내용은 과학과 여러 학문 영역의 많은 연구의 결과이기 때문에 오랜 기간 일관성을 유지하는 것처럼 보입니다. 하지만 균열의 의견들도 나타나고 있습니다. 그렇게 우연히 생겨난 인간을 귀중한 존재로 여겨야 하는 근거를 제시하지 못하고 있고, 인간이 우연히 형성된 생각하는 기계에 불과하다면 그러한 인간의 생각을 어떻게 신뢰할 수 있을지에 대한 모순을 해결하지 못하고 있습니다.

이 자연주의 세계관의 무신론적 뿌리는 결국 세속적 인본주의, 마르크스주의, 포스트모더니즘 세계관으로 연결되어 지금까지도 인류에 계속 깊은 영향을 미치고 있다고 이야기합니다.

우리 세계관이 나아가야 할 방향

좋은 세계관에서 이야기한 바와 같이 현재의 복잡하고 혼란스러운 세상에서 내 것, 내 생각, 내 세계관을 구축해 나가는 것도 중요하지만, 열린 마음으로 다른 세계관을 가진 사람들과 소통하며 확장성, 개방성 등을 고려한 균형 잡힌 시각을 만들어가는 것이 중요합니다. 교회와 우리 성도들은 교회 안에서 우리만의 리그에 만족하며 스스로 고립하지 말아야 합니다. 세상과 사람들을 이해하고, 사람들의 세계관을 이해해야 합니다. 그러한 이해를 바탕으로 좋은 이웃이 되어주어야 합니다. 복음을 전하되 나만이 진리를 알고 있다는 자세를 내려놓고 상대를 존중하고 그들을 이해하며 설득해가야 합니다.

1970~80년대 교회의 목회자는 성경 말씀뿐 아니라 사회, 경제, 문화, 교육 등 모든 면에서 성도들을 이끌어 가기에 영적으

로나 지적으로나 경험으로나 부족함이 없었습니다. 하지만 지금은 상황이 달라졌습니다. 세상이 복잡해졌고, 전문 분야가 더욱 다양해지고 많아졌습니다. 어느 한두 사람이 공동체 전체를 아우를 만한 우월한 지성과 영성을 보이기 힘든 세상이 되었습니다. 그러므로 우리 각자가 자기 분야의 고유하고 독특한 영역에서 바른 삶의 기준과 방향을 세워나가야 합니다. 하나님 말씀을 기반으로 한 세계관으로 중심을 잡되, 끊임없이 발전하고 변화하는 사회의 각 분야에서 보이는 다양한 시각에도 관심을 기울여야 합니다. 여러 분야의 전문가가 각자의 전문 영역에서 성경적 세계관을 기반으로 삶의 바른 방향을 고민하고 대화해 나가는 과정이 중요합니다.

이외에도 세상에는 수백 수천 가지의 다양한 종교와 사상과 세계관이 있습니다. 다음 장에서는 기독교 세계관이라고도 하는 성경적 세계관에 대해 구체적으로 살펴보도록 하겠습니다.

핵심, 꼭 기억합니다!

세상에 많은 종류의 세계관이 있으며, 많은 사람이 서로 다른 세계관 속에서 살아가고 있습니다. 심지어 천 명이 모이면 천 개의 세계관이 충돌합니다. 그 시각 차이로 갈등이 생기며, 심하면 다툼과 전쟁으로까지 이어집니다.

우리는 기본적으로 '하나님의 시선'으로 세상과 사회와 이웃을 바라볼 수 있어야 합니다. 이것이 세계관 훈련을 하는 이유입니다. 여러 다양한 세계관을 이해하고 존중하되, 그것이 성경적 세계관 안에서 통합되고 설명될 수 있어야 합니다. 그리고 주님의 말씀으로 다른 길을 비출 수 있어야 합니다.

하나님의 관점으로 세상을 바라보는 힘! 말씀으로부터 시작됩니다.

3장

창조

참새 두 마리가 한 앗사리온에 팔리지 않느냐 그러나 너희 아버지께서 허락하지 아니하시면 그 하나도 땅에 떨어지지 아니하리라 너희에게는 머리털까지 다 세신 바 되었나니 두려워하지 말라 너희는 많은 참새보다 귀하니라(마 10:29~31)

위대한 창조

이번 장에서는 성경적 세계관의 첫 시작으로, 하나님이 세상을 언제, 어떻게, 왜 만드셨는지 묵상해봅니다. 하나님께서 자신을 드러내시는 방법 중에는 자연 계시와 특별 계시가 있습니다. 자연 만물에 깃든 신적 능력과 섭리를 보면서 신의 존재를 인정하고 깨닫는 것을 자연 계시라 하며, 성경 말씀을 통해 하나님 뜻을 아는 것을 특별 계시라고 합니다.

> 태초에 하나님이 천지를 창조하시니라(창 1:1)

성경은 구약 39권, 신약 27권으로 총 66권이며, 장(章)으로는 1,189장입니다. 성경적 세계관의 세 가지 큰 주제는 '창조주 하나님'과 '인간 타락' 그리고 '구원자 예수'입니다. 구약은 오실 메시아에 대해, 신약은 오신 메시아에 대해 쓴 책이라 해도 과언이 아닐 만큼 성경 전체는 메시아 예수를 드러냅니다.

하나님의 창조는 큰 주제임에도 불구하고 성경 안에서 차지하는 분량은 그리 많지 않습니다. 겨우 창세기 1~2장뿐입니다. 물론 시편이나 욥기, 신약 여러 곳에 창조 섭리에 관한 언급이 부분적으로 나오지만, 직접적인 내용이 적다는 것은 아쉬운 부분입니다.

이번 장에서는 성경과 자연에 나타나 있는 하나님의 창조를 더 깊이 묵상해보겠습니다.

무에서 유를 창조

세상에는 많은 신화가 있습니다. 그중 중동의 대표적 창조신화를 하나 소개해보면, 티아맛(Tiamat)이라는 신과 마르둑(Martuk)이라는 신이 전쟁을 치른 후 승자가 상대방의 시체로 세상을 만들었다고 합니다. 신이 여럿 있다는 것과 '시체'라는 재료가 있다는 점에서 성경의 창조론과 다릅니다. 무엇보다도 신화 시작과 함께 이미 뭔가가 존재하고 있었음을 인정합니다.

성경의 하나님은 유일신으로서 세상의 많은 범신론 또는 다신론 신화와 구별됩니다. 성경은 특이하게도 하나님의 창조 이전에는 아무것도 없었으며 창조와 함께 시간도 공간도 물질도 시작되었음을 이야기합니다. 즉 무에서 유의 창조를 이야기하고 있습니다.

> 헨리 모리스의 견해에 의하면 창조 이전에는 우주를 구성하는 3대 요소, 즉 시간, 공간, 물질도 없었다. "태초에 하나님이 천지를 창조하시니라." 창세기 1장 1절은 이들의 기원을 설명한다. 즉, "태초"(bereshith, 베레쉿)는 시간의 시작을, "천"(天)은 공간의 창조를, "지"(地)는 물질의 창조를 나타낸다고 본다. 사실 20세기에 들어와 현대물리학이 연구를 시작하기 전까지만 해도 사람들은 시간과 물질과 공간은 상호 독립적이며 절대적인 물리량으로 생각해왔음을 감안한다면 시간과 물질과 공간이 존재하지 않는 '절대 무'의 상태를 상상하는 것이나 절대 무의 상태로부터 무엇이 창조되었다는 주장은 인간 이성에서 나온 추론의 산물로 보기 어렵다. 이 세상에서 절대 무의 상태로부터 어떤 것이 창조된다는 의미로 사용되는 '바라'(bara) 동사가 유독 히브리어에만 있다는 사실은 하나님께서 창조 사역을 기록하기 위해 히브리어를 선택하신 중요한 이유라고 생각한다.
>
> \- 양승훈, 《기독교적 세계관》, 기독교대학설립동역회출판부, 1988

창세기가 기록되던 고대 시대에는 태초(Time), 하늘(Heavens, Space), 땅(Earth, Matter)은 처음부터 당연히 존재한다고 여겼고, 이것이 당시의 보편 인식이었습니다. 이러한 통념과 철저히 구분되어 이것들은 원래 없었으며 신이 창조했다는 의미로 특별히 설명해놓은 창세기의 시작은 참으로 놀랍습니다.

눈에 보이는 모든 것을 만드심

예수님의 제자 요한은 노년에 요한복음을 쓰면서 첫 장, 첫 절부터 자기가 동행했던 예수님이 바로 말씀이셨고 그분이 곧 하나님이심을 고백합니다. 그러고는 그분의 창조에 관해 다음과 같이 말합니다.

> 지은 것이 하나도 그가 없이는 된 것이 없느니라(요 1:3)

말씀이신 하나님께서 그 말씀을 통해 세상 만물을 지으셨는데 이 말씀 없이 생겨난 것은 하나도 없다는 의미입니다. 눈에 보이는 모든 것은 전부 하나님께서 지으신 것입니다. 단 하나도 빠짐없이 모두 하나님의 작품입니다.

> 만물이 그에게서 창조되되 하늘과 땅에서 보이는 것들과 보이지 않는 것들과 혹은 왕권들이나 주권들이나 통치자들이나 권세들이나 만물이 다 그로 말미암고 그를 위하여 창조되었고 또한 그가 만물보다 먼저 계시고 만물이 그 안에 함께 섰느니라(골 1:16~17)

또한 사도 바울은 로마 감옥에 갇혀 골로새에 있는 성도들에게 쓴 편지에서 예수님을 창조주로 설명합니다. 세상에 모든 것, 즉 보이는 것이나 보이지 않는 것이나 만물이 다 그분(예수님)으로 말미암아 창조되었음을 가르쳐줍니다.

차원이 다른 창조

사람이 만든 그 어떤 것도 신적인 창조와 비교할 수 없습니다. 비교되는 두 대상에서 한쪽의 수준이 현저히 높거나 두드러질 때 차원이 다르다, 격이 다르다, 스케일이 다르다, 클래스가 다르다는 표현을 씁니다. 우리의 말이나 글로 인간의 능력과 하나님의 창조 세계의 격차를 표현하기는 불가능합니다. 묵상해보면, 하나님의 창조는 정말 '클래스'가 다릅니다.

하나님이 만드신 무한한 크기

우주의 크기를 상상할 수 있습니까? 교실 앞쪽 천장 모서리에 농구공을 하나 매달아 놓았습니다. 교실 뒤 농구공의 반대편 대각선 모서리에 좁쌀을 하나 놓았습니다. 머릿속으로 그림이 그려지나요? 그 크기와 거리 비율이 대략 실제 태양과 지구와 비슷합니다.

태양은 지구에 비해 엄청나게 크고, 또한 엄청나게 멀리 떨어져 있지요? 우리가 속한 이 태양계 같은 항성계가 수천억 개가 모여 우리 은하가 되고, 은하와 같은 거대한 별들의 집단이 또 수천억 개가 모여 우주를 이룹니다. 그 공간의 크기는 가히 상상하기 어렵고, 생각만 해도 머리가 어지럽습니다. 하나님은 우주를 왜 그렇게 크게 만드셨을까요?

하나님이 만드신 끝없는 세밀함

원자는 도대체 얼마나 작은 것일까요? 상상하기 어려울 만큼 작습니다. 지구와 백 원짜리 동전의 크기를 비교해보면 그 차이가 얼마나 될까요? 비교조차 힘들지요. 둘 사이의 차이 비율이 바로 실제 백 원짜리 동전과 원자의 크기 차이로 비유해볼 수 있습니다. 하나님의 세밀함과 치밀함은 그 클래스가 다르다고 할 수 있습니다.

원자는 다시 핵과 전사로 이루어집니다. 원자 한 개의 크기가 서울시라면 핵은 시청의 밤톨 정도 크기이며 깨알 같은 전자 알갱이가 서울 외곽순환도로 정도의 거리에서 원형으로 돌고 있다고 생각해보면 이해가 빠를 것입니다. 세상에서 제일 작은 입자로 생각해오던 핵도 더 쪼개보면 양자, 중성자로 또 더 작게는 쿼크라는 입자로 구성되어 있습니다. 도대체 얼마나 세밀하고 정밀한 체계일까요?

하나님이 만드신 다양함

아이들이 어릴 때 나비를 좋아해서 열심히 잡으러 다니던 추억이 있습니다. 나비는 세상에 얼마나 많은 종류가 있을까요? 나비만 수만 종입니다. 후배인 생물 선생에게 나비 이야기를 했더니, 동물계-절지동물문-곤충강-나비목-나비과…… 분류를 이야기합니다. 동물 전체에 대한 분류 체계와 설명 및 그림이 큰 사전으로 수십 권, 수백 권입니다. 벌, 잠자리, 딱정벌레, 개미, 파리, 모기 등 곤충은 셀 수도 없습니다. 개는 몇 종일까요? 고양이는? 가축과 들짐승과 땅에 기는 모든 것과 하늘을 나는 모든 새의 종류와 바다에 헤엄치는 모든 물고기 종류를 다 하나님께서 만드셨습니다. 식물은 어떤가요? 꽃과 나무와 채소와 들에 자라는 풀들과 열매 맺는 과실들과 그 종류는 얼마나 다양할까요?

육지에도 다양한 생물이 있지만 바다도 다르지 않습니다. 지구 표면의 72퍼센트를 차지하는 바다는 인류가 현재 약 5퍼센트만 탐사했을 뿐입니다. 아직도 95퍼센트는 미지의 세계입니다. 바다 생물은 약 23만 종이 발견되었는데 학자들은 200만 종이 넘는 바다 생물이 존재할 것으로 예측합니다. 그저 무한하다 할 만큼 다양하다고밖에 말할 수 없습니다. 하나님은 왜 이렇게 엄청난 종류의 다양한 생명체를 만드셨을까요?

하나님이 만드신 무한한 수

그렇다면 그중 한 종류인 개미는 세상에 몇 마리나 될까요? 나비는? 잠자리는? 산짐승은? 나무와 꽃들은? 과연 우리가 셀 수가 있을까요? 그 엄청난 수의 생명체는 각 종류별로 엄청나게 수가 많습니다. 무한이라 해도 지나치지 않습니다.

동식물뿐 아닙니다. 한 수학자가 지구에 있는 모래 알갱이 수와 우주에 있는 별의 수 중에 어느 것이 많을까 궁금해 계산 방식을 세우고 계산해보았다는 재미난 기사를 읽은 적이 있습니다. 결론은 둘이 같다고 했습니다. 모래 알갱이의 수를 계산해본 것도 흥미롭지만, 지구상의 모래 알갱이 수만큼 많은 별이 우주에 있다는 것 또한 놀랍습니다. 하나님은 왜 그렇게 무한히 많은 수의 만물을 만드셨을까요?

하나님이 만드신 질서, 조화, 아름다움

어떤 공간에 물건이 많이 쌓이면 어지럽고 지저분해지기 마련입니다. 아무리 정리를 잘하는 달인이라 해도 한정된 공간에 짐이 무한정 늘어나면 공간이 좁아지고 어지럽습니다. 이 지구라는 정해진 공간에 산과 바다와 들과 숲과 골짜기에 무한정의 동물과 식물이 그 종류별로 무한에 가까운 수가 함께 살아가고 있습니다.

우리가 정리하면 잘 되겠습니까? 그 수많은 종의 동식물 생명체가 한 공간에 무한히 섞여 있는 이 지구는 얼마나 질서 있고 조화롭습니까? 심지어 대자연의 아름다움을 뽐내며 인간에게 휴식과 감동을 주고 있지 않습니까? 오히려 사람이 손을 대는 곳마다 환경 파괴와 혼돈이 더해지는 것이 안타깝습니다. 하나님의 창조는 무한한 수 가운데서도 질서와 조화와 아름다움이 유지되는 놀라운 섭리를 보여줍니다.

보이지 않는 것도 만드심

눈에 보이는 것은 물론 눈에 보이지 않는 모든 것도 하나님께서 만드셨습니다.

네 가지 힘

우주에 존재하는 네 가지 힘이 있습니다. 바로 만유인력과 전기자기력, 강한 핵력, 약한 핵력입니다. 우리가 잘 알다시피, 질량을 갖는 모든 물체는 서로 당기는 힘이 있는데 거리가 가까워질수록 커지고 멀어질수록 작아집니다. 무거울수록 당기는 힘이 커지고 가벼울수록 작아집니다. 또한 눈에 보이지 않지만 전기자기력이라는 힘이 있습니다. 초등학교 시절에 바늘을 자석으로 문지르고 나서 가운데를 실에 매어보면 나침반과 같은 방향을 가리키는 실험을 하면서 신기한 힘을 경험했던 기억이 있습니다. 원자의 세계에서도 영향을 미치는 힘이 있는데 강한 핵력(줄여서 강력), 약한 핵력(줄여서 약력)입니다. 이 눈에 보이지 않는 힘들도 모두 하나님의 작품입니다.

자연법칙

이 밖에도 우리가 과학 시간에 배웠던 수많은 자연법칙이 있습니다. 질량보존의 법칙, 에너지보존법칙이라 불리는 열역학 제1법칙 그리고 열역학 제2법칙, 아보가드로의 법칙 등 수많은 자연법칙이 세상에 존재합니다. 눈에 보이지 않지만, 그 수많은 법칙이 세상 만물에 한 치의 오차 없이 그대로 영향을 끼치고 있습니다. 모두가 하나님의 작품입니다.

사회법칙

사람도 하나님께서 만드셨습니다. 사람들 간의 관계에 대한 법도 하나님이 만드셨습니다. 사람들 모임 중에 가장 작은 단위인 가정에서부터 국가에 이르는 모든 기준과 지켜야 할 도리도 하나님께서 성경을 통해 우리에게 가르쳐 주셨습니다.

치열함과 탁월함

하나님의 위대하고 방대한 창조 영역을 조금 맛보며 생각했습니다. 저와 같은 엔지니어는 태생적으로 숫자와 효율로 모든 것을 해석하려는 기질이 있습니다. 하나님은 왜 그렇게 우주를 크게 만드셨을까요? 효율성을 따지는 엔지니어 시각으로는 현 우주의 백분의 일, 천분의 일, 천만 분의 일, 수억 분의 일 크기로 만들어도 충분하다고 생각됩니다. 너무 비효율적으로 크게 만드신 것이지요. 공간 낭비로 생각되기도 합니다. 하나님의 무한하심을 알려주려고 하셨을까요?

하나님은 원자의 세계를 왜 그리 작게 만드셨을까요? 그 작고 세밀한 원자의 세계, 그 안에서 움직이는 전자 알갱이 하나하나가 한 치의 오차도 없이 정밀하게 운동하기 때문에 반도체도 만들고 컴퓨터나 스마트폰을 오류 없이 쓸 수 있습니다. 클래스가 다른 세밀함과 정확함을 묵상합니다.

종류가 다양하고, 그 수가 무한에 가까운 생명체를 모두 만드시고, 그럼에도 조화롭고 질서 있게 지으신 다음에, 이 모든 것이 한데 어우러져 아름다움을 이루는 하나님의 놀랍고 위대한 창조의 경륜을 그려봅니다. 우주와 생명의 신비, 자연의 아름다움, 위대한 하나님 창조의 경륜을 묵상하며 부르는 이 찬양이 참으로 은혜를 줍니다.

> 주 하나님 지으신 모든 세계 내 마음속에 그리어볼 때
> 하늘의 별 울려 퍼지는 뇌성 주님의 권능 우주에 찼네
> 주님의 높고 위대하심을 내 영혼이 찬양하네
> 주님의 높고 위대하심을 내 영혼이 찬양하네
>
> \- 찬송가 79장, 〈주 하나님 지으신 모든 세계〉

하나님은 신(God)입니다. 스스로 존재하고, 그 행동의 원인을 다른 곳에서 찾는 분이 아니라, 하나님 자신이 행동의 이유이고 근원입니다. 그런데 그분은 온 우주를 창조하실 때, 대충대충 건성으로 만들지 않으시고 치열하고 열심히 창조하셨습니다. 큰

것은 무한히 크게, 작은 것은 지극히 작게, 또한 세밀하고 정밀하게, 다양함은 셀 수 없을 정도로, 그 수는 무한에 가깝게, 그러면서도 완벽하게 질서와 조화를 이루고 모든 것이 합하여 아름다운 조합이 되게 하셨습니다. 탁월한 결과를 내셨고 이 모든 만물을 인간에게 보여주셨습니다. 만물을 지으신 위대한 창조의 경륜을 통해 하나님의 성품을 간접적으로 체험할 수 있습니다.

지금까지 지속되는 창조

하나님께서 온 우주 만물을 만드셨습니다. 눈에 보이는 만물, 눈에 보이지 않는 힘, 자연법칙과 사회법칙과 모든 선한 것을 만드셨습니다. 그렇지만 하나님의 창조는 거기서 멈추지 않았습니다. 창조를 완성하신 그 이후부터 지금까지 계속 이어지는 하나님의 계속되는 창조 영역(Continued Creation)이 있습니다. 이는 다스림, 통치, 유지, 관리, 인도, 보호, 동행 등 여러 말로 표현할 수 있지만, 여기서는 '유지하심'이라는 단어로 표현하고 그 의미를 살펴보겠습니다.

하나님의 의지가 유지되는 동안만 우주가 유지됨

하나님께서는 눈에 보이는 모든 만물뿐 아니라 보이지 않는 물리력과 자연법칙도 모두 만드셨음을 앞에서 보았습니다. 이 힘과 자연법칙은 창조 당시부터 지금까지 변함없이 유지되고 있습니다. 우주의 모든 변화는 반드시 에너지(Energy)를 필요로 합니다. 만유인력, 전자기력과 같은 힘은 하나님께서 창조 당시 만드셨다고는 하지만, 어떻게 지금까지 변함없이 유지되고 있을까요? 바로 하나님께서 온 우주에 대한 끊임없는 관심과 사랑으로 창조 당시부터 지금까지 그 위대한 창조 경륜을 유지하고 계시기 때문입니다.

물론 물리학에서는 질량과 에너지가 서로 교환되므로 수학적으로는 모든 계산이 증명되고, 하나님의 돌보심이나 신이 없어도 우주는 유지된다고 계산으로 증명하고 있습니다. 하지만 우주를 지탱하는 모든 힘과 자연법칙이 우주 어디에서든지 동일하게 적용되고 그것을 수학적으로 계산할 수 있으면 신의 존재를 부정할 수 있다는 생각은 진실하지 않은 것입니다. 그것은 마치 피라미드나 타지마할 같은 불가사의한 건축물의 비밀이 수학적으로 완전히 풀렸다고 해서 그 건축물을 지은 설계자나 건축자가 없다고 말하는 것과 같이 모순입니다.

하나님께서는 지금도 살아 역사하시며 태초에 지으신 온 우주의 모든 만물을 끊임없는 관심과 사랑으로 통치하고, 다스리고, 보호하고, 유지하고, 돌보고 계십니다. 온 우주의 큰 행성과 해와 달과 별들을 태초에 만드신 이치대로 지금까지 쉬지 않고 운행하십니다.

참새 두 마리가 한 앗사리온에 팔리지 않느냐 그러나 너희 아버지께서 허락하지 아니하시면 그 하나도 땅에 떨어지지 아니하리라 너희에게는 머리털까지 다 세신 바 되었나니 두려워하지 말라 너희는 많은 참새보다 귀하니라(마 10:29~31)

동네에 작은 산이 있는데 겨울에 가끔 운동 삼아 올라갑니다. 한겨울 눈밭에 먹을 것이 아무것도 보이지 않는데 까치며 참새며 이름 모를 새를 많이 봅니다. 주인도 없고 돌보는 이도 없는데 다들 누가 먹이고 입히는 걸까요? 해와 달과 별들도 주관하고 운행하시는 하나님께서 아무도 돌보지 않는 참새 한 마리도 소홀히 하지 않고 돌보고 유지하십니다. 심지어 우리의 머리카락까지도 세신 바 되신다고 하시며, 우리를 향한 하나님 사랑을 깨닫게 해주십니다.

유지하심 묵상

우리는 때로 지금도, 오늘까지도 살아 역사하시는 하나님의 유지하심을 잊고 모든 게 그저 저절로 되는 것으로, 당연하게 여기며 살아갑니다. 유지하심(붙드심)의 예를 몇 가지만, 살펴보겠습니다.

세포의 신비

작은 키에도 농구를 좋아했던 학창 시절, 운동하다가 부딪혀 손발톱이 부러진 경험이 있습니다. 아프기도 했지만, 과연 이 부러지고 빠진 손발톱이 본래 모양을 찾을 수 있을지 걱정했습니다. 그러다가 몇 주가 지나 언제 그랬냐는 듯이 완벽하게 재생되는 것을 보며 신기해했던 기억이 있습니다. 인체의 각 기관을 구성하는 수많은 세포는 자기가 속한 기관(심장, 뇌, 눈, 피부, 뼈, 내장, 혈액 등)에 관한 완벽한 정보를 갖고 있고, 문제가 생길 때마다 한 치의 오차 없이 정밀하게 회복하고 재생산합니다. 인체 세포는 매일 100억 개가 죽고 다시 태어난다고 합니다. 이런 정밀한 세포의 구조가 누구의 도움 없이 우연히 만들어지고 저절로 유지된다고 믿는다면 그 또한 대단한 믿음입니다.

혈관의 길이

한 사람 안에 있는 혈관의 총 길이는 약 12만 킬로미터로 지구 둘레의 3배입니다. 혈액은 평생 이 혈관 곳곳을 순환하며 산소와 영양분을 공급하고 노폐물을 제거합니다. 이 좁고 기나긴 혈관이 막히면 몸에 큰 문제가 생깁니다. 주변에서 동맥경화로 쓰러져 혈관 확장 수술을 받는 주변 분들을 보면, 혈관 문제없이 건강하게 지내는 것이 얼마나 감사한 일인지 모릅니다. 이분들은 큰 수술을 경험하고 나서야 온몸을 순환하는 피와 건강한 혈관의 소중함을 자각합니다. 이 또한 하나님의 세밀한 돌봄이 없으면 불가능한 일입니다.

고장 없이 한평생 운동하는 펌프 심장

인체에서 가장 일을 많이 하는 기관 중 하나가 심장입니다. 정상인의 심장박동 수는 1분에 60~100회입니다. 60회로 잡아도 1시간에 3,600회, 하루면 86,400회, 1년이면 3,153만 회입니다. 평균 80년을 산다면 심장은 얼마나 많이 뛰는 것일까요? 평생을 잠도 안 자고, 잠시도 쉬지 않고 뛰는 이 펌프 운동은 아무도 신경 쓰지 않아도 저절로 유지되는 것일까요? 우리의 호흡 하나, 심장박동 하나하나까지 세밀히 돌보고 유지하시는 하나님 은혜가 아닐까요?

어떤 것을 먹어도 에너지로 변환하는 엄청난 소화기관

가끔 휘발유와 경유를 혼동해 주유를 잘못해서 엔진이 고장났다고 하는 뉴스를 듣습니다. 엔진이나 펌프, 각종 기관은 그 동력의 기반인 전기나 가솔린, 경유 등의 재료를 받을 때, 항상 정해진 규격을 유지해야 하고 조금만 벗어나면 고장 나거나 제 기능을 발휘하지 못합니다.

우리 인체는 어떻습니까? 고기, 채소, 곡식, 해산물, 고체든, 액체든, 그 어떤 것이든 섭취하면 몸이 에너지로 바꾸어줍니다. 참으로 신기한 기관이 아닐 수 없습니다. 과학이 아무리 발전해도 이런 기관을 만들어내는 것은 요원할 것입니다.

끝없이 이어지는 생명의 신비

저희 부부는 신혼 초기에 유산을 경험했습니다. 결혼하면 아이는 자연스럽게 얻는 것인 줄로 알았습니다. 가장 가슴 아픈 시간이었습니다. 그 후에 건강한 두 아이가 태어날 때의 감동을 어떤 말로 설명할 수 있을까요? 하나님의 선택과 개입 없이는 한 생명도 이 땅에 오지 못함을 깨닫게 되었습니다. 생명은 자녀로 이어지고 그 자녀의 생명은 또 그 자녀의 자녀로 이어집니다. 이 신비하고 경이로운 과정은 결코 우연히 저절로 이루어지지 않습니다. 지금도 우리 곁에서 끊임없는 관심과 사랑으로 돌보시는 분이 세밀히 개입하시고 유지하시는 은혜가 없다면 단 하루도, 단 한 시도 서 있지 못합니다.

붙드시는 은혜

인생을 돌보심

인생의 순간순간은 하나님의 적극적인 개입과 활동으로 이어집니다. 부지불식간에 이루어지는 심장박동과 호흡도 하나님의 유지하시는 은혜 없이는 단 하루도, 단 한 순간도 지속하지 못합니다.

또 비유로 그들에게 말하여 이르시되 한 부자가 그 밭에 소출이 풍성하매 심중에 생각하여 이르되 내가 곡식 쌓아 둘 곳이 없으니 어찌할까 하고 또 이르되 내가 이렇게 하리라 내 곳간을 헐고 더 크게 짓고 내 모든 곡식과 물건을 거기 쌓아 두리라 또 내가 내 영혼에게 이르되 영혼아 여러 해 쓸 물건을 많이 쌓아두었으니 평안히 쉬고 먹고 마시고 즐거워하자 하리라 하되 하나님은 이르시되 어리석은 자여 오늘 밤에 네 영혼을 도로 찾으리니 그러면 네 준비한 것이 누구의 것이 되겠느냐 하셨으니 자기를 위하여 재물을 쌓아두고 하나님께 대하여 부요하지 못한 자가 이와 같으니라(눅 12:16~21)

본문의 부자처럼 재물, 지위, 지식, 건강, 시간 모두 이 땅에서 하나님께서 유지하시는 동안만 내가 잠시 맡아두고 있을 뿐입니다. 모든 것의 주인은 하나님이심을 잊지 않고 기억해야 합니다.

우주를 움직이시는 방식

지구가 태양 주위를 한 바퀴 도는 데는 365일, 정확히는 365.2422일이 걸립니다. 그래서 1년마다 약 0.2422일이 남습니다. 이 문제를 해소하기 위해 4년마다 한 번씩 윤년을 두고 2월에 29일을 둡니다. 그렇지만 정확히 0.25일에서 조금 모자라기 때문에 100년마다 한 번은 그 윤년을 생략합니다. 이렇듯이 하나님이 온 우주를 통치하시고 유지하시는 방식은 세밀하고, 정밀하고, 오차가 없습니다. 하나님의 성실은 인간적인 성실과는 차원이 다릅니다. 창조에서 묵상했듯이, 크게는 별들을 운행하고, 작게는 한 사람, 이름 모를 풀 한 포기, 참새 한 마리까지도 변함없이 보호하시고 돌보십니다.

하나님 지으신 생명이 살아 움직이는 방식을 보며 우리는 그 경이로움과 신비, 위대하심을 찬양합니다. 하나님께서 우주를 움직이시는 방식을 보면서는 그 '동일하심'을 찬양하게 됩니다. 별들의 움직임과 자연법칙을 주관하시고 유지하시는 성실하신 하나님, 동일하신 주 하나님을 생각합니다.

창조의 신비를 모르는 사람들

이원론(Dualism)

지금까지 설명한 것처럼, 하나님은 온 우주와 모든 만물을 만드신 창조주이시고 모든 것의 주인이 되십니다. 온 세상이 다 하나님의 영역입니다. 하지만 때로 사람들이 하나님께서 지으신 이 세상을 성스러운 영역과 세속적 영역이라는 이분법적인 잣대로 나누려고 합니다. 교회와 교회에서의 봉사, 전도는 성스러운 일로 여기면서 우리의 가정과 일터와 세상에서 벌어지는 일은 교회 일에 비해 수준이 낮거나 심지어 속된 것으로 치부합니다. 이것을 이원론(二元論)이라고 합니다.

학생 시절 주일에 중요한 시험을 치르는 일이 있어 고심하는 친구들을 종종 보았습니다. 주일성수를 못 하면 안 되기 때문에 심각한 고민이 아닐 수 없었고, 교회의 어른들은 주일에 시험을 보러 가면 안 된다고 하는 분위기였습니다. 교회, 성직자, 목회, 선교 영역은 신성불가침으로 숭고하고 고귀한지만 일터, 노동, 먹고사는 일은 상대적으로 낮은 수준의 일로 여겨졌고, 갈등과 충돌 시에는 항상 성스러운 영역의 일이 우선한다고 생각했습니다.

그러나 하나님은 단지 교회만의 주인이 아닙니다. 가정, 직장과 일터, 세상 모든 곳의 주인이 되시기에 그 모든 곳이 거룩하고 소중합니다. 신부가 미사를 집전하는 일과 농부가 씨 뿌리는 일 모두 거룩하다고 했던 마르틴 루터의 주장대로 모든 것이 거룩하고 세상 모든 일이 하나님 일입니다. 온 세상을 하나님께서 지으셨고, 하나님께서 세상의 주인이시며, 그곳이 모두 하나님의 영역이기 때문입니다.

이신론(Deism)

한 치의 오차 없이 운행되는 우주 만물을 보며 우리는 하나님의 동일하심을 떠올립니다. 하지만 만물의 움직임이 과학과 수학으로 정확히 계산되면서 사람들은 신이 일하는 영역에 의문을 품었습니다. 14~16세기에 과학혁명의 시대가 열립니다. 과학과 기술이 큰 발전을 이루던 시기에 천체와 행성의 움직임을 수학적으로 정확히 계산했고, 그중 일부는 신이 수학적/기하학적 방법으로 천지를 창조하셨다고 주장하기도 했습니다. 창조의 신비를 수학적으로 증명하려고 노력하던 시대입니다.

시계 만드는 장인은 정성껏 시계를 만듭니다. 장인의 손을 떠난 후, 만든 이가 없어도 시계는 알아서 잘 돌아가므로 만든 이는 더 이상 필요 없다고 주장합니다. 이를 '시계공의 비유'라고 합니다. 신의 창조도 인정하고 싶지 않지만, 결국 신이 온 우주와 만물을 만들었더라도 적어도 이를 완성한 후에는 '신 없이도 우주는 돌아간다'라고 주장하며 신을 부정하려 합니다. 이것을 이신론(理神論)이라고 합니다.

이러한 사상은 18~19세기 자연신론, 초연신론을 거쳐 결국 무신론으로 발전합니다. 스티븐 호킹이 쓴 《위대한 설계(The Grand Design)》라는 책을 보면 자연 현상이 아무리 복잡해도 충분한 시간만 주어진다면 슈퍼컴퓨터를 통해 계산 가능한 수준이라고 주장하면서 모든 자연 현상이 수학적으로, 물리학적으로 완벽하게 계산된다면 신이 있어야 할 영역은 없다고 이야기합니다.

핵심, 꼭 기억합니다!

갈릴레오는 하나님께서 우리에게 두 권의 책을 주셨다고 했는데, 한 권은 성경이고 다른 한 권은 자연입니다. 특별 계시인 성경을 통해 하나님을 찾고 만나고 묵상하는 일은 중요합니다. 그에 못지않게 하나님의 자연 계시인 피조 세계를 깊이 연구하고 탐구하는 일도 하나님을 발견하는 데 매우 소중한 길입니다. 큰 것은 이해할 수 없을 만큼 크게, 작은 것 또한 상상할 수 없을 만큼 작게, 동식물은 무한할 정도로 다양하면서도 질서와 조화를 이루며 아름답게 창조하신 하나님의 위대하심을 묵상해봅니다. 하나님의 위대한 창조 능력을 묵상하며 그 가운데 깃든 그분의 성품을 찾아봅시다.

하나님을 모르는 사람은 지금도 매 순간 끊임없는 관심과 사랑으로 피조 세계를 돌보시는 그분의 은혜에 무지합니다. 하지만 신의 존재를 인정하고 하나님을 만났다고 말하는 우리는 진정 다릅니까?

그저 경험과 습관이 주인 노릇하며 살지는 않습니까? 오늘 해가 뜬 것처럼 내일도 당연히 뜰 것이고, 심장은 아무 문제없이 알아서 뛸 것이고, 혈관을 순환하는 피도 알아서 흐를 것이고, 산모들은 문제없이 순산할 것이고……. 이처럼 당연히, 알아서, 저절로 모든 것이 되어가는 듯 살아갑니다. 이론적으로는 이신론을 반대하지만, 정작 실제 삶에서는 하나님의 돌보심과 유지하심을 잊어버린 채 이신론자와 조금도 다르지 않게 살아가고 있지는 않나요?

4장

타락

… 땅은 너로 말미암아 저주를 받고 너는 네 평생에 수고하여야 그 소산을 먹으리라 땅이 네게 가시덤불과 엉겅퀴를 낼 것이라 … (창 3:17~18)

외면당한
소중한 선물

창조의 주인이 하나님이셨다면, 타락의 주체는 인간입니다. 하나님은 인간을 어떻게 창조하셨으며, 다른 만물과는 어떤 차이를 두셨는지, 그리고 그 사랑과 배려를 망각하고 인간은 어떤 잘못을 저질렀는지 생각해보겠습니다.

빛과 하늘과 땅과 모든 동물과 식물을 그 종류대로 지으시는 장엄한 창조의 파노라마는 인간을 만드시는 대목에서 클라이맥스를 맞이합니다. 동물과 식물에 대한 다큐멘터리를 보면 너무나 멋지고 예쁘고 사랑스러운 동물들이 살아남기 위해 분투하는 신비한 모습을 보며 감탄하고 또 감탄합니다. 그 무한에 가까운 동식물 종류와 개체 수는 상상하기도 어렵습니다. 아름다운 꽃과 나무와 먹음직스러운 과일과 채소, 풍성한 곡식과 그 종류를 헤아리기 어려울 정도로 많은 식물의 세계, 이 모두를 하나님께서 그 종류대로 아름답게 지으셨습니다. 그중 가장 마지막에 가장 심혈을 기울여 만든 작품이 바로 인간입니다.

사람의 위치: 신이 만든 최고의 걸작품

인간은 다른 피조물과는 다른 특이한 과정을 몇 가지 거칩니다.

첫 번째는 흙으로 빚으시는 과정입니다. 사실 하나님은 빛과 무한한 하늘과 땅과 해, 달, 별들을 전부 '말씀으로' 창조하셨습니다. 말씀만으로도 부족함 없고 완벽한 창조를 이루시는 전지전능하신 분입니다. 그런데 웬일인지 각종 들짐승과 공중의 새와 인간만큼은 그 손으로 직접 흙을 빚어 만드십니다. 하나님이 실제로 사람의 손처럼 작업한 것은 아니겠지만, 생명 있는 동물과 인간 창조과정은 그만큼 다른 피조물들과는 다르게 애정과 관심과 사랑으로 정성껏 지으시는 모습을 연상하게 합니다. 하나님의 영에 감동한 모세가 생명 있는 동물과 사람을 지으시던 정성스러운 과정을 묵상하며 세밀히 그려냈다고 생각합니다. 하나님 주신 뛰어난 필치로 인간에 대한 하나님의 깊은 사랑과 세밀한 정성을 오묘하게 묘사한 소중한 대목입니다. 참으로 인간에 대한 하나님의 깊고 이해할 수 없는 사랑을 되짚어보게 됩니다.

두 번째는 하나님의 형상대로 만드신 것입니다. 자신과 인격적으로 교제할 수 있는 존재, 분신과 같은 존재로 만드셨습니다. 형상은 히브리어로 '첼렘'이라 하는데, 우상이라는 의미도 있고 대리자라는 뜻도 있습니다. 모세 당시 '첼렘'은 신의 형상으로 만든 우상처럼 인식했다는 해석이 있습니다. 즉 실제 신이 아니라 신을 나타내는 대리(대표) 형상으로 간주했다고 합니다. 당시 사람들은 제물을 신에게 바칠 수 없으니 대신 우상(첼렘)에게 바치면 신에게 전달된다는 생각을 가졌습니다. 또 하나, 대리자의 의미입니다. 인간은 하나님의 피조물인 동시에 하나님을 대리하는 특권을 누립니다. 그 높은 자리에 우리를 세워주신 것입니다. 바로 자신과 같은 존재, 분신과도 같은 존재, 서로 친밀한 존재로, 하나님 형상대로 우리를 지으신 것입니다. 하나님의 이 처음 계획은 노아의 홍수 때까지 이어집니다.

> 땅의 모든 짐승과 공중의 모든 새와 땅에 기는 모든 것과 바다의 모든 물고기가 너희를 두려워하며 너희를 무서워하리니 이것들은 너희의 손에 붙였음이니라(창 9:2)

세 번째는 코에 생기를 불어넣으시는 장면입니다. 여기서 생기는 히브리어로 '루아흐'라고 합니다. 이 말은 하나님의 숨결, 호흡, 생명, 신약의 성령(Spirit)을 표현하는 단어로 사용됩니다. 인간은 하나님의 숨결, 호흡과 생명, 성령을 부어주셔서 만드셨기에 다른 피조물들과는 비교할 수 없는 매우 특별한 존재입니다. 헬라어로는 '프뉴마'인데, 성경의 영감에 관한 말씀에서 이 단어가 사용됩니다. "모든 성경은 하나님의 '감동(프뉴마)'으로 된 것으로 교훈과 책망과 바르게 함과 의로 교육하기에 유익하니" (딤후 3:16) 모든 성경은 사람이 기록했지만, 결국은 하나님께서 부어주신 성령의 감동으로 쓴 것이므로 사람의 말이 아니라 하나님 말씀으로 우리가 믿는 것입니다. 이를 정리하면 다음과 같습니다.

- 흙을 직접 손으로 빚어 만물 중에 최고의 사랑과 정성을 쏟아 창조하신 인간
- 자신의 형상대로, 자신의 분신처럼 우리를 계획하시고 창조하신 인간
- 하나님의 생기, 즉 숨결과 호흡을 불어넣으시고 생명을 나눠 주시고 창조하신 인간

사람에게 주신 명령: 함께하고픈 하나님의 사랑

창세기 1~3장에 나오는 하나님의 명령을 나열하면 '생육하라', '번성하다', '땅에 충만하라', 만물을 '다스리라', '땅을 정복하라' 그리고 '경작하다'라는 말도 등장합니다. 선악과 사건 이후에는 '토지를 갈게 하신다'는 표현도 나옵니다. 하나님은 우주의 주인이시지만, 당신을 대신해 사람이 피조 세계를 다스리게 하셨습니다. 창조 이후에 사람에게 피조 세계를 다스리도록 명하신 것을 문화명령(Cultural Mandate)라고 합니다. 하나님께서 육축과

바다의 물고기, 각종 식물을 다스리게 하심은 엄청나게 소중한 일입니다. 소명이며 축복입니다.

그렇다면 왜 하나님은 인간에게 이러한 막중하고 귀한 사명을 주셨을까요? 전능하고 완벽하신 분께서 직접 하시면 더 완벽하게 만물을 다스리고 통치하실 수 있는데 왜 그 일들을 불완전한 인간과 함께하셨을까요? 여기에는 신학적인 견해가 여럿 있겠지만, 저는 인간 창조의 대목을 묵상하면서 사랑하는 두 딸과의 추억이 떠올렸습니다.

지금은 두 딸이 모두 성인이 되어 아빠와 떨어져 있지만, 어린아이일 때는 뭐든지 아빠와 함께하기를 원했습니다. 저도 역시 두 딸과 함께하는 시간이 늘 즐거웠고, 소중했고, 행복했습니다. 펜션 모닥불과 바비큐, 한여름의 물놀이, 그림 그리기, 종이접기, 놀이동산, 해외여행 등 하나같이 꿈 같은 시간입니다. 훌륭한 화가와 함께 그림을 그린다면 훨씬 더 멋진 작품을 만들 수 있지만, 딸들과 함께 그림 그리는 시간보다 더 행복할 수 있을까요? 능력의 하나님께서 모든 일을 혼자 완벽하게 하실 수도 있지만, 당신의 형상을 부어 만드신 우리와 함께 일하는 것을 진정 원하신 게 아닐까요? 하나님은 일손이 부족했던 것이 아니라 가장 사랑과 정성을 쏟아 만드신 최고의 걸작품과 함께 시간을 보내시기 원하셨던 것 아닐까요?

우리에게 일은 소명과 축복

교회 청년부장을 맡고 있기에 청년들과 이런저런 대화를 해보면, 요즘 젊은이들의 최고 선호 직장은 공무원입니다. 공무원 자체보다는 그 직업이 주는 편하고 안정적인 것을 추구합니다. 청년들이 원하는 직업을 묻는 질문에 "적게 일하고 많이 받는 직업"이라는 말도 들었습니다. '일'에 대한 요즘 생각을 단적으로 표현했다고 생각합니다.

이처럼 일은 하기 싫은 것, 피하고 싶은 것, 먹고살려고 어쩔 수 없이 하는 것으로 생각하는 사람이 많습니다. 월요일만 되면 머리가 아프고 몸이 피곤하고 일터로 가기 싫어집니다. 하지만 창조 당시, 하나님께서 인간에게 주신 일에 대한 명령은 우리에게는 소명이자 축복이요, 하나님께서 지으신 만물들을 다스리고 관리하며 하나님과 함께할 수 있는 엄청난 선물이었습니다. 이 복은 어떤 피조물에게도 준 바가 없고 오직 인간에게만 주신 소중한 특권입니다.

아담은 다른 피조물과 마찬가지로 창조의 한 부분이면서 동시에 천지를 유지하시는 하나님 사역에 동참해 하나님을 대리해서 세상을 다스리라는 명령을 받았습니다. 우리 각자에게 허락하신 달란트를 잘 발견하고, 훈련하고 연마해서 각자 소속된 일터에서 최선을 다하며 이웃에게 선한 영향력을 끼치는 것이야말로 하나님의 창조 목적에 부합하는 일이요, 우리 삶의 진정한 의미가 됩니다. 이것이 우리의 의무이자 진정한 행복입니다.

타락의 배경: 왜 타락했는가

우리는 죄인의 후손으로, 태어날 때부터 죄성을 지녔습니다. 예수님이 다시 오시면 우리는 완전한 의인으로 회복될 것입니다. 우리는 완전한 의인으로 살아본 경험이 없으니 그런 상태를 상상하긴 어렵지만, 아담은 선악과 사건 이전에 의인이었고, 죄에 대한 경험이 없어 죄인 됨을 알 수 없었을 것입니다. 선악과 사건 이후로 죄인이 된 아담은 의인으로서의 경험과 죄인으로서의 경험을 가진 유일한 인간이 되었습니다.

선악과: 저주와 시험의 상징인가, 최고의 선물이자 사랑인가

종종 성경에 관해 이야기를 자주 나누던 한 친구와 치열한 토론이 벌어졌습니다. 발단은 뱀의 유혹을 받던 하와의 '먹지도 말고 만지지도 말라(창 3:3)'는 말이었습니다. 친구는 어차피 하나님이 금하신 것인데 만지지도 않으면 그 명령을 더 잘 지킬 수 있다는 취지로 이야기하면서 하와의 답변에는 문제가 없다고 했습니다. 나름 역사가 깊은 교회를 다닌다는 자부심이 있었던 저는 그동안 배운 대로 '정령 죽으리라'라는 하나님 말씀에 더하거나 빼는 것은 옳지 못한 일이라고 하며 서로 옥신각신했습니다. 이야기가 길어지면서 결국 우리 논쟁의 중심에는 '선악과'가 있음을 알았습니다. 친구는 '선악과'를 하나님이 금하신 것, 피해야 할 것, 가까이하지 말고 심지어 만지지도 않아야 하는 금지의 상징으로 보았습니다. 저는 사랑하는 사람에게 왜 금해야 할 것을 만드셨을까 생각하며 명확한 설명을 하지 못하고 헤어졌습니다.

나중에 가만히 본문을 묵상하던 중에 선악과의 위치가 눈에 들어왔습니다. 하나님은 선악과를 동산 중앙에 두셨습니다. 만약 선악과가 피해야 하고, 멀리해야 할 저주의 상징이라면 한쪽 구석에 두실 것이지, 동산 한복판에 두고 일부러 죄를 짓도록 유혹하거나 조장하실 필요가 있었을까요? 혹시 다른 뜻이 있거나 우리가 생각하지 못한 다른 의도가 있었을까요?

선악과 범죄에 대한 해석들은 정말 다양하고 많습니다.

- 하나님께서 하라/하지 말라 하신 명령에 대한 불순종
- 하나님께서 주신 자유를 남용해 자신이 신이 되려는 욕망
- 하나님과의 소중한 약속을 깨버림
- 하나님 주신 자유의 한계를 넘어서 절제하지 못함

동물에게는 선악과와 같은 선택권이 없습니다. 그저 본능만 있을 뿐입니다. 배고프면 먹고, 졸리면 자고, 그저 본능대로만 살아갈 뿐입니다. 동물원에는 맹수이면서도 귀여운 이미지를 가진 하얀 북극곰이 있습니다. 커다란 덩치로 조그마한 과자를 먹으려고 물에 첨벙 뛰어듭니다. 온몸의 털이 새하얗고 예쁘게 보입니다. 하지만 그런 동물을 북극 빙하에서 만난다면 우리는 그저 고깃덩이에 불과합니다. 녀석에게 어떤 양심이나 자비를 기대할 수 없습니다. 하지만 사람은 하나님의 형상을 부어 만드시

고, 흙으로 정성껏 빚으시고, 코에 생기를 불어넣어 하나님의 호흡, 하나님의 영을 주신 존재가 아닙니까? 본능 이외에 자유로이 선택할 수 있는 권한을 주셨습니다. 그 상징으로 선악과를 주신 것입니다.

많은 분이 자유의지를 설명할 때, 왕자와 공주 이야기를 합니다. 한 시골 마을의 아름다운 처녀를 사랑하게 된 왕자는 그 처녀와 결혼해 왕비로 맞이하고 싶었지만, 그녀는 같은 동네에 사랑하는 총각이 있었습니다. 모든 권한을 가진 왕자는 어떻게든 그녀를 데려올 수 있는 위치였지만, 신중한 결정을 위해 현인을 모셔 의견을 들었습니다. 강제로 처녀를 왕비로 맞을 수 있지만, 진정한 사랑에는 조건이 있습니다. 그 여인이 왕자를 선택하거나 동네 청년을 선택할 수 있는 완전한 자유, 완전한 선택권을 주고, 그 선택을 받아야만 완전한 사랑을 얻을 수 있습니다.

결국, 하나님은 인간을 동물처럼 만드시고 본능만 허락하시고 우리를 애완동물처럼 사랑하실 수도 있었습니다. 하지만 우리를 향한 하나님 사랑은 그보다 훨씬 더 높은 차원의 사랑입니다. 심지어 우리가 하나님을 거역하고 배반할 수 있는 자유마저 주신 것입니다. 그 완전한 자유, 완전한 선택권을 가진 상태에서 하나님을 선택할 수 있어야 그 사랑이 온전한 사랑, 완벽한 사랑이 되는 것입니다.

그렇기에 하나님은 당신을 거부하고 불순종할 수 있는 자유마저 주실 정도로 우리를 사랑하셨고 그 사랑을 소중하게 여기셔서 동산 중앙에 선악과를 두신 것입니다. 만물을 만드시고 보시기에 좋으셨지만, 특별히 인간에게는 상상할 수 없는, 분에 넘치는 엄청나게 귀한 선물을 주신 것입니다.

외면당한 선물

위에서 선악과에 대한 다양한 해석을 정리했습니다. 개인적으로 첫 인간 아담은 하나님의 소중한 선물을 제대로 이해하지 못했다는 생각이 듭니다. 만물 위에 최고로 아끼고 사랑하셔서 모든 정성을 쏟아부으신 피조물. 그리고 그 인간을 대리자로, 동역자로, 때로 친구로 여기시고 만물을 다스리며 하나님과 함께 일하도록 기회를 주셨습니다. 심지어 하나님 사랑을 거절할 자유마지 선물로 주신 그 한없는 사랑. 그러한 깊은 사랑을 배반하고 선물을 주신 그분의 찢어지는 아픔은 생각하지 못하고, 우리가 받을 형벌만 두려워하는 인간의 나약함이 바로 우리 모습입니다.

그림을 그리다가 의도대로 잘 안 되면 도화지를 찢어버리고 새 도화지를 꺼낸 경험이 있을 것입니다. 하나님도 처음부터 다시 시작할 수도 있지 않으셨을까요? 아니면 문제없는 피조물은 그대로 두고 인간만 새롭게 다시 만드실 수는 없었을까요? 그럼에도 하나님께서는 모든 것을 원점으로 돌리지 않으십니다. 첫 사람 아담을 만드실 때, 정성을 다해 모든 사랑을 쏟아부으시고,

심지어 당신을 배신할 수 있는 자유와 선택권마저 주실 정도로 소중한 존재로 만드셨습니다. 어떻게든 원래 상태 그대로, 계획 그대로, 사랑하셨던 그대로 되살리시기로 하신 사랑입니다. 우리가 이해할 수도, 상상할 수도 없는 위대한 사랑입니다. 하나님은 사랑 그 자체입니다.

결국 이 모든 죄악과 문제를 해결하시려고 왕이요, 주인이신 하나님께서 마치 짝사랑하는 연인처럼 그 사랑을 거부하는 이스라엘 백성을 택하고 이끌고 당신의 백성으로 회복시키는 역사가 구약의 역사가 아니겠습니까? 그럼에도 내내 정신 차리지 못하는 인간을 끝까지 포기하지 않으시고, 결국 스스로 낮고 천한 자리에까지 내려오셔서 자신을 내어주심으로 죄와 허물을 덮으시려는 이해할 수 없는 사랑을 생각합니다.

소중한 선물을 발로 차버린 인간. 그것은 아담뿐일까요? 여전히 하나님 사랑을 외면하고 살아가는 저와 여러분 아닙니까?

인간과 함께 저주받은 이 세상

하나님과 인간의 관계 단절

하나님께서는 인간을 얼마나 귀한 존재로 만드셨습니까? 아담은 하나님과 대변하며 지냈고, 각종 동물의 이름을 지으라는 명령을 직접 받기도 했으며, 하나님과 동행했습니다.

범죄 이후 하나님께서 아담을 찾으셨을 때, 아담은 평소처럼 하나님 앞에 나서지 못했습니다. 모세는 그 상황을 범죄한 아담이 자신의 벌거벗은 모습을 깨닫고 부끄러워한다고 표현했습니다. 그동안 친밀한 교제를 나누던 하나님이 이제 두려움의 대상이 되었고, 하나님께서 부르실 때 앞에 나서지 못하고 피하고 숨었습니다. 아담은 자신이 범죄했다는 사실을 알았습니다. "반드시 죽으리라"는 말씀이 기억났을 것입니다. 죽음을 경험하지도 다른 죽음을 본 적도 없었지만, 하나님과의 관계가 단절되는 비극적인 상황임을 느꼈을 것입니다.

다른 동물에게는 주지 않으신 최고의 선물, 선악과, 선택의 자유, 그 선물을 발로 걷어 차버림으로써 하나님과의 아름다운 관계가 단절되었습니다.

인간과 인간의 관계 단절

하나님께서는 하와를 아주 기묘한 방법으로 만드셨습니다. 아담과 하와는 똑같은 사람입니다. 아담을 만든 방법으로 하와도 만드시는 것이 자연스럽게 느껴집니다. 흙으로 빚고, 코에 생기를 불어넣으면 됩니다. 하지만 하나님께서는 아주 독특한 방식을 사용하십니다. 아담을 잠들게 하고 그의 갈비뼈를 취해 그것으로 하와를 만드십니다. 둘이지만 본래 하나였고, 나뉠 수 없는 소중하고 가까운 존재라는 의미를 부여하셨습니다. 하나님의 의도를 알았는지 아담은 하와를 보자마자 "이는 내 뼈 중의 뼈요 살 중의 살이라" 고백하며 기뻐했습니다. 이 두 사람은 인류 최초의 남편과 아내로 훗날 사도 바울이 그리스도와 교회의 관계를 설명할 때 인용합니다. 그렇게 가깝고 소중하고 본래 하나였던 존재가 하나님의 추궁 앞에 어떻게 변했을까요?

아담은 "하나님이 주셔서 나와 함께 있게 하신 여자 그가 그 나무 열매를 내게 주므로" 먹었다고 하며 1차적인 책임을 하나님께 돌리고, 2차로 하나님께서 그 책임을 하와에게 묻도록 합니다. 불순종으로 타락하자 죽음을 의식하게 되고, 하나님에 대한 두려움으로 고민했을 것입니다. 하나님의 낯을 피해 숨어있는 동안, 지난 일을 후회하고 추론했을 것입니다. 나의 죄는 하와 때문이고, 하와는 하나님께서 만드셨으니 결국 하나님과 하와 때문에 이렇게 되었다고 정리하지 않았을까요?

결국 아담은 벌을 받습니다. 종신토록 땀 흘리고, 수고해야만 곡식을 얻을 수 있게 되었습니다. 원래 하나님과 함께 일하는 것은 기쁘고 감사한 일이요, 축복이었습니다. 하지만 이제는 짐이요 고통이 되었습니다. 그럼에도 아직도 일, 노동 그리고 일터는 하나님께서 주신 축복과 선물의 흔적이 남아 있습니다. 물론 그 복된 일이 이제는 하나님의 형벌과 섞이게 되었지만 말입니다.

하와는 뱀 때문에 그렇게 되었다고 하나님께 변명합니다. 하와는 두 가지 벌을 받습니다. 먼저는 해산의 고통입니다. 인생에서 가장 기쁜 순간 중 하나가 바로 사랑하는 아이의 탄생이 아닐까요? 출산일이 가까워질수록 부모의 기대와 설렘은 높아집니다. 한편으로는 불안과 걱정도 따라옵니다. 산모와 아이 모두 건강할지, 얼마나 큰 고통이 따를지 기대와 걱정이 뒤섞입니다. 가장 기쁜 일에 큰 고통이 따르게 되니 참으로 인생의 아이러니가 아닐 수 없습니다.

또 하나는 남편의 다스림을 받는 것입니다. 아내는 남편을 사모하나 남편의 다스림을 받아야 한다고 명하십니다. 사실 남편과 아내는 서로 누구를 다스리고 다스림을 받는 사이가 아니었습니다. 서로 동등한 관계이며 뼈와 살을 나눈 한 몸이었습니다. 범죄한 이후 서글프게도 여자는 남자의 다스림을 받는 존재가 되었습니다. 물론 우리는 신랑 되신 예수께서 신부 된 교회를 아끼고 사랑하심같이 아내를 사랑하며 창조 당시의 아름다운 상태를 회복하도록 해야 합니다.

하나님께서는 아담과 하와에게 범죄의 이유를 물으시고, 소명할 기회를 주십니다. 그런데 뱀에게는 그렇게 하지 않고 바로 벌을 내리십니다. 뱀에게는 원인을 물을 필요가 없으셨습니다. 원래부터 그럴 수밖에 없는 존재임을 알고 계셨습니다. 하나님께 끊임없이 도전하고 반항하려는 내적 필연성을 가진 존재임을 아셨기에 바로 형벌을 내리십니다. 종신토록 배로 다니며 흙을 먹게 되리라는 저주를 내리십니다.

인간과 자연의 관계 단절

하나님이 뱀에게 내리시는 형벌을 보면 모든 동물도 저주를 받았음을 미루어 짐작할 수 있습니다.

> 네가(뱀) 모든 가축과 들의 모든 짐승보다 더욱 저주를 받아… (창 3:14)

모든 가축과 들의 모든 짐승보다 뱀이 더욱 저주를 받는다는 말씀을 보면 뱀뿐 아니라 다른 동물까지 저주를 받았음을 알 수 있습니다. 사실 동물들은 죄를 짓지 않았습니다. 그런데 왜 동물까지 저주를 받았을까요? 동물을 돌보고 다스리는 책임자인 인간의 범죄로 인간과 죄 없는 동물과의 관계도 단절된 것입니다. 우리가 정글에서 맹수를 만나거나 바다에서 식인상어를 만나면 얼마나 두렵습니까? 원래는 모두 인간의 다스림 아래서 평화롭게 함께 지내던 사랑스러운 존재들이었을 텐데 말입니다.

> 그 때에 이리가 어린 양과 함께 살며 표범이 어린 염소와 함께 누우며 송아지와 어린 사자와 살진 짐승이 함께 있어 어린 아이에게 끌리며 암소와 곰이 함께 먹으며 그것들의 새끼가 함께 엎드리며 사자가 소처럼 풀을 먹을 것이며 젖 먹는 아이가 독사의 구멍에서 장난하며 젖 뗀 어린 아이가 독사의 굴에 손을 넣을 것이라(사 11:6~8)

이사야 선지자는 하나님 나라 회복의 모습을 예언하며 지금의 맹수들과 가축들이 한데 어울리고 어린아이가 독사 굴에 손을 넣어도 해가 없는 때를 예언합니다. 이 모습이 바로 창조 당시 하나님께서 베푸셨던 모습이었습니다. 이제는 아담의 범죄로 인간과 동물 사이의 관계가 단절된 저주받은 세상이 되었습니다.

동물뿐만 아닙니다. 땅이 함께 저주를 받습니다. 땅이 무슨 죄가 있습니까? 온 만물을 다스리는 대표자요, 대리자로서 인간이 형벌을 받으면서 그와 관계된 땅도 함께 저주를 받았습니다. 심은 대로 거두고, 노력한 만큼 결실해야 하는데 땅은 가시덤불과 엉겅퀴를 내면서 인간의 삶을 고단하고 괴롭게 만들었습니다.

인간과 땅의 관계가 단절되었습니다. 축복의 땅, 기름진 대지는 인간에게 저주받은 삶의 터전이 되었습니다. 땀을 흘리고 애를 써도 풍성한 결실을 기대하기 어려운 우리 삶, 우리 일터로 변했습니다.

타락 그 이후의 역사

타락 이후에도 인간의 죄악 된 본성으로 역사가 점차 발전하면서 필연적으로 범죄와 타락의 역사도 함께 발전했습니다. 에덴동산에서 쫓겨난 아담과 하와는 아들을 둘 낳았는데 그 처음 대에서 인류 최초의 살인사건이 발생합니다.

> 네가 무엇을 하였느냐 네 아우의 핏소리가 땅에서부터 내게 호소하느니라(창 4:10)

창세기에 자세한 설명이 나오지는 않지만, 동생 아벨의 제사는 받으시고 자기 제사는 즐겨 받지 않으시는 일로 시기와 질투심이 가득한 가인은 동생을 죽입니다. 하나님께서 왜 동생의 제사는 기쁘게 받으시는지 동생에게 물을 수도, 하나님께 여쭈어

볼 수도 있었습니다. 범죄한 아담은 의인의 자리를 스스로 버리고, 하나님께서 주신 완전한 자유를 선용하지 못했으며 전적으로 자신의 선택으로 죄인이 되었습니다. 이제 죄인이 된 아담의 후손들은 본성적으로 죄인으로 태어나 누가 가르쳐주지 않아도 악을 행하고 죄인의 길을 걷습니다.

그 이후로 아담의 후손으로 셋째 셋이 태어납니다. 인류는 살인자이며 인본주의의 대표주자인 가인의 자손 계열과 경건한 자인 셋의 자손 계열로 나뉘어 후손을 이어갑니다.

가인의 계열

동생을 죽인 가인의 자손들은 문명을 일으키고 발전시키면서 동시에 그 삶에 죄악의 역사를 더해갑니다. 가인의 후손은 7대손 라멕에까지 이릅니다. 하나님께서 아담과 하와를 지으실 때 서로 사랑하며 서로 돕는 존재로 만드시고, 한 몸처럼 사랑하도록 아름다운 부부제도를 만드셨습니다. 라멕은 누가 시킨 것도, 가르쳐준 것도 아닌데 일부다처제의 시조가 됩니다.

> 라멕이 두 아내를 맞이하였으니 하나의 이름은 아다요 하나의 이름은 씰라였더라 아다는 야발을 낳았으니 그는 장막에 거주하며 가축을 치는 자의 조상이 되었고 그의 아우의 이름은 유발이니 그는 수금과 퉁소를 잡는 모든 자의 조상이 되었으며 씰라는 두발가인을 낳았으니 그는 구리와 쇠로 여러 가지 기구

를 만드는 자요 두발가인의 누이는 나아마였더라(창 4:19~22)

라멕의 자녀들은 목축업의 시조, 음악가의 시조, 청동기 및 철기 제조의 시조가 되어 문명을 발전시켜 나갑니다. 문제는 그 문명의 중심에 하나님이 없다는 것입니다. 라멕은 살인자의 자손답게 이제는 살인 행위조차 자랑스럽게 떠벌리며 반성이나 후회조차 없이 하나님 앞에 씻을 수 없는 죄악을 쌓아갑니다.

라멕이 아내들에게 이르되 아다와 씰라여 내 목소리를 들으라 라멕의 아내들이여 내 말을 들으라 나의 상처로 말미암아 내가 사람을 죽였고 나의 상함으로 말미암아 소년을 죽였도다 가인을 위하여는 벌이 칠 배일진대 라멕을 위하여는 벌이 칠십칠 배이리로다 하였더라(창 4:23~24)

상함 때문에 소년을 죽였다고 자랑하며 하나님의 책망이나 형벌 따위는 안중에도 없습니다. 살인자 가인이라도 그 목숨을 지켜주시려는 하나님의 선한 뜻을 비웃기라도 하듯, 누구도 자기를 벌하지 못하고 자신을 해는 자는 칠십칠 배의 벌을 받는다며 두 아내에게 오만 가득한 노래를 부릅니다.

셋의 계열

한편 셋의 자손을 통해 경건한 계열의 후손의 역사가 이어집니다. 경건한 계열의 후손답게, 셋의 아들 에노스가 태어나고 나서 사람들이 비로소 여호와의 이름을 불렀습니다(창 4:26).

에노스, 에녹 등의 후손을 거쳐 드디어 노아에 이릅니다. 가인의 자손, 경건하지 못한 인본주의 계열의 후손은 물론 경건한 계열인 셋의 후손조차도 모두 죄악의 사슬에 매여 살아가고, 이제는 하나님께서 도저히 용납하지 못하실 수준에 이릅니다.

> 여호와께서 사람의 죄악이 세상에 가득함과 그의 마음으로 생각하는 모든 계획이 항상 악할 뿐임을 보시고 땅 위에 사람 지으셨음을 한탄하사 마음에 근심하시고(창 6:5~6)

인간 삶의 목적이 항상 악하며 그 결과 또한 항상 악할 수밖에 없음을 보셨습니다. 결국 노아의 직계손을 제외하고 모든 사람을 이 땅에서 홍수를 통해 제거하기로 작정하십니다.

> 내가 창조한 사람을 내가 지면에서 쓸어버리되 사람으로부터 가축과 기는 것과 공중의 새까지 그리하리니 이는 내가 그것들을 지었음을 한탄함이니라 하시니라 그러나 노아는 여호와께 은혜를 입었더라(창 6:7~8)

온 땅의 인간과 모든 짐승이 홍수로 멸망합니다. 노아와 노아의 세 아들만이 은혜를 입어 살아남았으며, 새로운 역사가 이들을 통해 시작됩니다.

인간의 역사는 타락의 역사로 해석되며, 인본주의적이고 죄악으로 가득한 본성으로 결국 모두 죽을 수밖에 없음이 증명되었습니다. 모든 인간의 행위가 항상 악하며 그대로 두면 어떤 방법으로도 낙원을 이룰 수 없고 하나님이 본래 계획하신 에덴동산의 원형으로 회복할 가능성이 없습니다. 이 모든 문제를 해결하고 인류 역사의 참된 구원을 이루시고, 악과 사탄의 존재를 완전히 물리칠 분은 오직 예수 그리스도입니다.

창세기 초반 역사가 우리와는 동떨어진 이야기입니까? 하지만 우리 개개인 역시 타락한 죄악의 본성을 타고났습니다. 우리는 모두 전적인 부패 상태로 태어나며, 항상 범죄할 가능성을 지니고 있습니다. 그 가능성은 죽는 날까지 완전히 없어지지 않습니다. 항상 죄와 대적해서 싸우고 투쟁해야만 하나님이 본래 창조하신 모습 그대로의 나를 유지할 수 있습니다.

> 마귀의 간계를 능히 대적하기 위하여 하나님의 전신 갑주를 입으라 우리의 씨름은 혈과 육을 상대하는 것이 아니요 통치자들과 권세들과 이 어둠의 세상 주관자들과 하늘에 있는 악의 영들을 상대함이라(엡 6:11~12)

사도 바울은 이 싸움을 영적 전쟁으로 보았으며 전신 갑주로 철저히 무장해 선한 싸움을 싸워나가길 권면합니다. 진리와 의와 복음과 믿음과 구원과 성령 곧 말씀으로 온몸과 마음을 무장하고 삶에서 항상 전쟁을 치르고 있음을 잊지 말고 싸워 나가야 합니다.

타락이 변화시킨 범위

비록 인간이 타락해 죽음의 형벌을 받고 하나님께서 만드신 아름다운 관계는 모두 끊어졌지만, 그 이후로도 여전히 지속하는 요소가 있습니다. 우선 사람이 남았습니다. 모든 사람은 죽음을 겪어야 했지만, 아담과 하와도 범죄 후 바로 죽지는 않았습니다. 자연법칙도 그대로 남았습니다. 땅도 저주를 받기는 했지만, 여전히 부분적으로 소출을 냅니다. 때로 가시와 엉겅퀴를 내며 땀 흘리고 고생하는 인간들의 수고를 방해하지만, 그래도 수고하며 열매를 거둘 수 있음이 은혜입니다.

창조 당시 하나님이 베푸신 사랑과 은혜는 인간의 범죄로 크게 손상되었지만, 여전히 그 선한 영역은 살아 있습니다. 깨어지고 상처 난 하나님의 은혜와 사랑은 훗날 하나님 나라가 치유되면서 에덴동산의 본래 모습대로 완전히 회복될 것입니다.

핵심, 꼭 기억합니다!

첫 인간 아담은 단지 호기심으로 열매를 따먹은 '실수'를 한 것이 아니라, 분에 넘치는 하나님의 선물을 발로 차버리고 그 사랑을 적극적으로 배신했습니다. 지구 위를 살아가는 무한한 생명체 중에서 가장 귀한 자리에 사람을 세우시고, 하나님의 세상을 함께 다스리며 함께 일하는 영광스러운 자리에 우리를 불러주신 놀라운 은혜를 생각해봅시다. 다른 어떤 피조물에게도 주지 않은 '거절의 자유'까지도 유일하게 허락하신 하나님의 '완전한 사랑'에 관해 생각해봅시다.

하나님이 계획하신 아름다운 관계를 사탄은 늘 끊어버리려고 합니다. 하나님과 인간, 인간과 인간, 인간과 자연을 하나로 묶는 사랑의 관계를 계속 끊으려 합니다. 사탄은 이처럼 나누는 자, 끊어버리는 자입니다. 선악과를 통해 놀라운 사랑의 고리를 연결하신 하나님과 인간의 관계를 단절시킵니다. 한 몸이요, 나뉠 수 없는 아름다운 교제를 이간질해서 인간이 동료 인간과 누리는 관계를 단절시킵니다. 만물의 대표이자 대리자로 모든 만물을 아끼고 보호하는 인간과 자연의 관계를 단절시킵니다.

그렇습니다. 선악과 범죄는 과실을 따먹고 인간이 죽음에 이르게 됐다는 단순한 사건으로 끝나지 않습니다. 이 일을 통해 하나님께서 세우신 아름답고 선한 계획들, 특히 모든 사랑의 관계가 다 끊어져버렸습니다. 이것을 어떻게 회복해야 할까요? 죽을 수밖에 없는 한 사람의 구원뿐 아니라 손상되고 깨어진 하나님과 인간, 인간과 인간, 인간과 자연의 모든 관계를 완전히 회복하는 일이 필요했습니다.

5장

구속

빌립이 이르되 주여 아버지를 우리에게 보여 주옵소서 그리하면 족하겠나이다 예수께서 이르시되 빌립아 내가 이렇게 오래 너희와 함께 있으되 네가 나를 알지 못하느냐 나를 본 자는 아버지를 보았거늘 어찌하여 아버지를 보이라 하느냐(요 14:8~9)

예수님은 누구신가

창조의 주인이 하나님이셨다면 타락의 주체는 인간입니다. 그 타락하고 손상된 세상을 회복하시고 구속의 놀라운 사랑의 역사를 이루신 분이 바로 예수입니다. 기독교의 본질이자 핵심인 예수님을 짧은 글로 설명하기는 어렵습니다. 다만 성경에서 설명하는 대표적인 내용을 소개하며 정리해보겠습니다. 구약성경에서 예언하는 예수님, 당신 스스로 어떻게 말씀하셨는지, 예수님과 가장 가까이 지냈던 사람들이 만난 그분을 묵상하며 우리가 앞으로 만나게 될 예수님이 어떤 분인지 생각해보겠습니다.

구약성경은 예수를 어떻게 말하는가

성경 전체는 예수님을 증거하는 이야기입니다. 모든 인물과 이야기에 예수의 모형이 담겨 있습니다. 최초의 인간 아담은 최후의 의로운 인간 예수로 대비되며, 홍수 멸망 과정에서 새 역사를 이어가는 노아, 믿음의 조상으로 택함받은 아브라함, 희생 제물로 바쳐지는 이삭, 이스라엘이라는 새 이름을 받고 열두 지파의 후손을 이어가는 야곱, 인생의 큰 고난을 이겨내고 극심한 기근에서 온 세상을 구하는 요셉, 온 이스라엘 백성을 노예에서 해방하는 모세, 새 땅 가나안으로 백성을 인도하는 여호수아, 가나안 족속과의 전쟁에서 백성을 구하는 수많은 사사, 기름부음 받고 하나님께 인정받아 이스라엘 전체를 다스리는 왕이 된 다윗 등이 대표적으로 예수님을 예표합니다. 또한 수많은 선지자의 예언을 통해 장차 오실 예수님을 발견합니다. 메시아에 대한 수많은 예언 중에 대표적으로 인용되는 말씀이 있습니다.

> 이는 한 아기가 우리에게 났고 한 아들을 우리에게 주신 바 되었는데 그의 어깨에는 정사를 메었고 그의 이름은 기묘자라, 모사라, 전능하신 하나님이라, 영존하시는 아버지라, 평강의 왕이라 할 것임이라 그 정사와 평강의 더함이 무궁하며 또 다윗의 왕좌와 그의 나라에 군림하여 그 나라를 굳게 세우고 지금 이후로 영원히 정의와 공의로 그것을 보존하실 것이라 만군의 여호와의 열심이 이를 이루시리라(사 9:6~7)

수많은 선지자 중에서도 대표 격이라고 할 만한 이사야가 메시아를 소개하는 중요한 예언 중 하나입니다. 성경 말씀대로 한 아기가 우리에게 났고, 한 아들을 주시는데 그분은 어깨에 정사를 메었고, 기묘자, 모사, 전능하신 하나님, 영존하시는 아버지, 평강의 왕이 되십니다. 모두가 한 국가의 왕, 최고 높은 신분 또는 전능한 신을 설명할 때 쓰일 법한 설명입니다.

예수님은 누구십니까? 바로 하나님과 같은 신입니다. 불결함이나 추함이나 부족함이나 한계가 없는 완전한 신입니다. 그런 분이 스스로 하나님 되심을 포기하시고 인간이 겪는 모든 시간적, 공간적 한계를 입으시고 완전한 인간으로 오셔서 아기 때부터 성장하신다는 것을 생각하면 참으로 놀랍고 신비한 일이 아닐 수 없습니다. 그런 분께서 구원을 베푸시는 방법이 인간이 생각하기에 좀처럼 이해하기 어렵고 독특합니다.

> 너희 안에 이 마음을 품으라 곧 그리스도 예수의 마음이니 그는 근본 하나님의 본체시나 하나님과 동등됨을 취할 것으로 여기지 아니하시고 오히려 자기를 비워 종의 형체를 가지사 사람들과 같이 되셨고 사람의 모양으로 나타나사 자기를 낮추시고 죽기까지 복종하셨으니 곧 십자가에 죽으심이라(빌 2:5~8)

얼마 전에 모 대형 교회 담임목사가 은퇴를 한참 앞두고 아프리카 선교를 가기 위해 교회를 사임하는 일로 크게 화제가 되었습니다. 사실 대형 교회는 한국 교회에서 많은 목회자가 선망하는 자리 아니겠습니까? 그곳에 도달할 때까지 얼마나 수고하고 노력하고 애썼겠습니까? 안정된 자리, 존경과 사랑을 한 몸에 받는 높은 지위, 풍요로운 삶을 정년까지 보장받은 분이 모든 것을 내려놓고 고난과 어려움의 자리로 자원해서 나가는 결정을 한다는 것이 쉽지 않았으리라 짐작할 수 있습니다. 예수님의 본을 따라 헌신과 섬김을 실천하는 모습에 많은 성도가 존경과 찬사를 보냈습니다.

그렇다면 하나님께서 가장 낮고 천한 자리로 성육신(Incarnation)하셔서 죽기까지 순종하시며 인간을 구원하신다는 이 신비하고 기이한 이야기를 우리는 어떻게 받아들여야 할까요? 단지 '놀랍고도 위대한 사랑'이라는 설명으로는 그 깊이와 한계를 제대로 표현하기도, 이해하기도 어렵습니다.

인간이 상상하지 못할 방법으로 한 아기로, 한 아들로 이 땅에 오셔서, 희생과 헌신과 사랑을 보여주실 메시아 예수님을 이사야 선지자는 예언 메시지를 통해 하나님 나라의 왕이요, 그분이 바로 하나님이라고 강력히 선포합니다.

예수 자신은 스스로 어떻게 말씀하셨나

예수님은 공생애 초반에는 자신이 노출되는 것을 경계하셨으나, 이미 예정된 십자가 고난의 시기가 다가올수록 당당히 모든 백성에게 적극 실체를 알리셨습니다. 예수께서 밝히신 자신에 대한 많은 설명 중에 요한복음에 나오는 몇 가지만 살펴보겠습니다.

> 예수께서 그들에게 이르시되 내 아버지께서 이제까지 일하시니 나도 일한다 하시매 유대인들이 이로 말미암아 더욱 예수를 죽이고자 하니 이는 안식일을 범할 뿐만 아니라 하나님을 자기의 친 아버지라 하여 자기를 하나님과 동등으로 삼으심이러라(요 5:17~18)

요한복음 5장에는 그 유명한 베데스다 연못에서 38년 된 병자를 고치시는 장면이 나옵니다. 예수님이 안식일에 병자를 고치시자 유대인 사이에 큰 소동이 일어납니다. 예수께서 "아버지께서 일하시니 나도 일한다"고 하시며 자신이 하나님과 동등한 위치임을 밝히셨기에 유대인은 예수를 죽이려는 마음을 굳힙니다.

> 예수께서 이르시되 내가 곧 길이요 진리요 생명이니 나로 말미암지 않고는 아버지께로 올 자가 없느니라 너희가 나를 알았더라면 내 아버지도 알았으리로다 이제부터는 너희가 그를 알았고 또 보았느니라(요 14:6~7)

예수께서 잡히시기 전에 이제 아버지께 다녀오시겠다는 이야기를 하십니다. 제자들이 본뜻을 제대로 파악하지 못하자, 예수께서 직접 설명하신 것입니다. "내가 바로 길이요, 진리요, 생명 그 자체다. 나 없이는 아버지께로 갈 자가 없다. 나를 바로 알면 하나님을 바로 알 수 있다. 나를 보고 알게 된 너희는 하나님 아버지를 본 것이다. 내가 바로 그이기 때문이다." 이처럼 제자들에게 직접 당신 자신이 하나님이심을 선포하십니다.

> 빌립이 이르되 주여 아버지를 우리에게 보여 주옵소서 그리하면 족하겠나이다 예수께서 이르시되 빌립아 내가 이렇게 오래 너희와 함께 있으되 네가 나를 알지 못하느냐 나를 본 자는 아버지를 보았거늘 어찌하여 아버지를 보이라 하느냐(요 14:8~9)

예수께서 당신이 하나님이라 설명하셨는데도 빌립은 곧바로 예수께 여쭙습니다. 아버지를 좀 보여달라고 졸라댑니다. 이번에는 예수께서 한 번 더 명확히 자신을 밝히십니다. 나를 본 사람은 아버지를 본 것이다. 내가 바로 하나님이다. 얼마나 같은 설명을 더 해야만 사람들이 알아들을까요? 예수께서는 제자들과 사람들에게 당신 자신이 하나님이심을 계속 설명하고 선포하십니다.

세례 요한의 질문

> 예수께 여짜오되 오실 그이가 당신이오니이까 우리가 다른 이를 기다리오리이까(마 11:3)

예수님의 공생애는 요단강가에서 세례 요한의 세례를 통해 시작됩니다. 세례 요한은 나면서부터 구별된 선지자로 많은 이스라엘 백성의 존경을 한 몸에 받는 인물이었으며, 첫 만남에서 예수님을 한눈에 알아보았을 만큼 영적인 분별력도 뛰어난 인물이었습니다. 세례 요한은 동생 부인과 결혼한 헤롯왕을 비난한 일로 감옥에 갇혔을 때 예수님의 소식을 주의 깊게 들었습니다. 이스라엘의 왕이요, 온 백성을 구속하는 구원자의 모습을 그는 어떻게 상상했을까요? 아마 산헤드린 공회에서 많은 서기관이나 바리새인들과 교류하시며, 진리를 선포하고 가르치는 모습을 상상했을지 모르겠습니다. 혹은 껍데기와 형식만 남은 채, 외식하는 대제사장들과 종교 지도자들을 불러 꾸짖으시고, 위로부터 세상을 개혁하시는 모습을 기대했을지도 모르겠습니다. 하지만 들리는 소문은 기대나 예상과는 전혀 다른 모습이었습니다. 많은 사람의 예상과 달리 예수님은 아래로부터 섬기는 일을 시작하셨습니다. 가난한 자와 병자들을 돌보시고, 세리와 창기들, 소외된 자들과 식사하며 어울리시고, 높은 자리나 리더들 모임에는 가지 않으셨습니다.

세례 요한이 기대했던 또는 예상했던 메시아의 모습과 너무나도 달라 혼란스러웠던 것일까요? 제자들을 시켜 예수께 여쭙니다. "당신이 오실 그분이 맞습니까? 아니면 우리가 다른 분을 더 기다려야 합니까?"

> 예수께서 대답하여 이르시되 너희가 가서 듣고 보는 것을 요한에게 알리되 맹인이 보며 못 걷는 사람이 걸으며 나병환자가 깨끗함을 받으며 못 듣는 자가 들으며 죽은 자가 살아나며 가난한 자에게 복음이 전파된다 하라(마 11:4~5)

예수께서는 이사야 말씀을 인용하시는 것으로 대답을 대신하십니다. 그 이후 설명은 자세히 없지만, 그 답을 들은 세례 요한은 예수님이 메시아이심과 이 땅에서 구원자로 하시는 일을 명확히 이해하지 않았을까 생각합니다.

예수의 최측근은 어떻게 설명하는가

수많은 사람이 예수님을 만나고 두 눈으로 기적을 보고 직접 체험했습니다. 소경과 귀머거리, 앉은뱅이, 귀신들린 자들을 고치셨고, 오천 명을 먹이셨습니다. 그중에서도 열두 명의 제자들은 예수님과 3년 동행을 했습니다. 예수님을 따르는 많은 무리 중에서도 최측근이라 할 수 있겠습니다.

그중에서 특별히 세 명의 제자들은 가장 가까이서 예수님과 함께하며 어디든지 따라다녔는데 바로 베드로와 야고보와 요한입니다. 죽은 회당장의 딸을 살리러 갈 때는 무슨 이유에서인지 세 제자 외에는 아무도 따라오지 못하게 하십니다(막 5:37). 모세와 엘리야와 함께 해같이 빛나는 모습으로 서로 이야기를 나누는 변화산 장면에서도 예수님은 역시 세 제자만 따로 데리시고 높은 산으로 올라가십니다(마 17:1). 십자가 고난 직전 마지막으로 기도하시던 겟세마네에도 세 제자를 가까이 데려가셔서 함께 기도하도록 부탁하십니다(막 14:33). 베드로와 야고보와 요한, 이 세 사람이야말로 예수님을 가장 가까이에서 동행했던 최측근이라 할 수 있겠습니다.

예수께서 잡히시던 밤에 대제사장 가야바가 심문하는 집안 뜰까지 위험을 무릅쓰고 따라갔던 최측근 제자는 베드로입니다. 한편 요한은 대제사장의 집 뜰까지 들어간 제자가 하나 더 있다고 기록합니다. 다른 공관복음(마태, 마가, 누가복음)보다 심문 과정이 상세한 요한복음의 내용을 볼 때, 몰래 예수님을 따라가 심문 과정을 직접 목격한 또 다른 제자를 요한으로 추측하기도 합니다.

> 시몬 베드로와 또 다른 제자 한 사람이 예수를 따르니 이 제자는 대제사장과 아는 사람이라 예수와 함께 대제사장의 집 뜰에 들어가고 베드로는 문 밖에 서 있는지라 대제사장을 아는 그 다른 제자가 나가서 문 지키는 여자에게 말하여 베드로를

데리고 들어오니(요 18:15~16)

거기에 한술 더 떠서 예수님의 십자가 처형 당일에도 요한은 예수님 어머니 마리아와 함께 십자가에 달리신 예수님의 발 아래까지 다가갑니다. 예수님이 체포되신 후에 모든 제자는 두려움에 떨며 도망갔는데, 무슨 이유에선지 그 위험한 상황에서 요한은 예수님이 달리신 십자가 앞으로 어머니 마리아까지 모시고 갑니다. 거기서 예수님의 다소 황당한 부탁을 받습니다.

> 보라 네 어머니라 하신대 그 때부터 그 제자가 자기 집에 모시니라(요 19:27)

부활의 소식을 듣고 예수님의 무덤으로 달려간 제자도 바로 베드로와 요한이었습니다. 이처럼 요한이야말로 최측근 중의 최측근입니다. 천주교 자료를 읽다 보면, 구전으로 전해오는 이야기들을 접할 수 있는데, 그중 요한에 대한 이야기도 여럿 있습니다. 인간적으로 보면, 어촌의 부잣집 아들로 그럭저럭 편히 살 수 있었는데 예수님을 만나면서부터 인생이 '꼬이기' 시작합니다. 예수님의 공생애 기간 주님을 따르며 함께했고, 기독교 박해 기간을 온몸으로 맞으며 지나야 했고, 친어머니도 모시기 힘든 세상에 결혼도 못 한 채 스승의 어머니 마리아를 끝까지 모셨다고 합니다. 기독교 박해가 극심하던 도미티아누스 황제 시대에 사형을 선고받고 독배까지 마셨지만 죽지 않았고, 이후 밧모섬으로 유배를 가게 되었습니다. 다른 제자는 모두 순교를 당했지만, 유일하게 노년까지 살아남은 요한은 자신의 일생을 돌아보며 예수님을 만났던 기억을 되살려 요한복음을 기록합니다.

예수님을 만나 고단했던 인생을 보내고, 결혼도 못 하고, 남의 어머니도 평생 모시고, 기독교 박해 기간에 옥에 갇히고, 사형까지 선고받고, 섬으로 유배까지 당해 일평생을 보냈습니다. 인생 말년에 요한은 자기 삶을 어떻게 돌아보았을까요? '나는 누구인가? 내 인생은 왜 이렇게 되었나? 예수님은 대체 누구시기에 나를 이런 자리로 이끄셨나? 가장 가까이서 예수님과 동고동락한 제자로 나는 예수님을 어떻게 설명할 것인가?' 이런 고민을 하지 않았을까요?

요한복음은 강력한 결론이 앞에 나오는 두괄식 편지입니다. 결론이 앞에 나오는데, 예수님에 대한 확신에 찬 선포를 통해 글을 시작합니다. 요한복음을 읽으면 요한의 생각이나 경험을 전한다기보다는 사실 혹은 진실을 자신 있게 선포한다는 느낌을 받습니다. 아마 이스라엘 백성 중에 가장 가까운 거리에서 가장 오랫동안 공생애 기간을 함께해 온 최측근으로서의 자신감일 수도 있겠고, 성령의 감동을 통한 담대함일 수도 있을 것입니다.

> 태초에 말씀이 계시니라 이 말씀이 하나님과 함께 계셨으니
> 이 말씀은 곧 하나님이시니라 그가 태초에 하나님과 함께 계셨

> 고 만물이 그로 말미암아 지은 바 되었으니 지은 것이 하나도 그가 없이는 된 것이 없느니라(요 1:1~3)

마치 이런 말투입니다. "내가 예수님을 3년간 가장 가까운 곳에서 모셨기 때문에 그 누구보다 잘 아는데 그분은 바로 태초부터 계셨던 말씀이시다. 그 말씀은 하나님과 함께 계셨고, 그 말씀이 바로 하나님과 같은 분이시고. 그 말씀을 통해 하나님께서 천지를 창조하셨고, 말씀 없이 창조된 것은 하나도 없다." 이렇게 선포하며 요한복음을 시작합니다.

> 말씀이 육신이 되어 우리 가운데 거하시매 우리가 그의 영광을 보니 아버지의 독생자의 영광이요 은혜와 진리가 충만하더라(요 1:14)

"말씀이요, 하나님이신 예수께서 육신이 되어 우리에게 오셨는데 그 영광을 경험하고 뵈오니 하나님 아버지의 독생자에게 있던 영광이요 은혜와 진리가 충만했다!" 요한복음의 시작과 동시에 예수님에 대한 짧고 강렬한 선포를 이처럼 담대히 기록합니다. 그 이후에 예수님을 만날 때부터 헤어질 때까지의 모든 일을 회상하며 기록합니다.

당시 제자 입장에서는 많은 이스라엘 백성이 인간의 모습으로 오신 예수님을 직접 눈으로 보았기 때문에 예수님의 인성은 특별히 강조할 필요가 없지 않았을까 생각합니다. 그래서 예수님은 우리와 같은 모습으로 계셨지만, 인간이 아니라 신이라는 것을 설명하고자 노력했고 특히나 죽음에서 부활하신 예수님의 증인으로서 살아간 것이라 생각합니다. 반대로 현재를 살아가는 우리는 예수님이 하나님이심을 알고 믿기 때문에 오히려 예수님의 인성에 관한 이해를 더하기 위해 애쓰는 경향이 있는 듯합니다.

방해 세력

성경에서 사탄은 악한 일을 하는 세력이 아니라 악 그 자체로 설명합니다. 심지어 예수님과 만난 귀신들은 그분이 하나님이심과 결국 자신이 주님께 심판받아 멸망할 것을 알면서도 끊임없이 반항합니다. 이 사탄은 본래 하나님의 피조물이자 천사였으나 타락해서 사탄의 세력이 되었습니다.

성결대학교 총장을 지낸 성기호 목사님의 책《이야기 조직 신학》을 보면 천사와 사탄에 대한 설명이 나와 있습니다. 일부만 소개하자면 이렇습니다. 천사는 인간처럼 하나님께서 지으신 피조물입니다. 천사의 수는 엄청나게 많지만, 인간처럼 번식하지는 않아 그 수가 늘지는 않습니다. 성경에서는 대개 이름 없이 하나님 명령을 따라 활동하지만, 대표적인 천사의 이름 몇 개는 곳곳에 등장합니다.

- 미가엘: 전쟁에 나서서 적과 싸우는 군대 장관 천사다.
- 가브리엘: 주로 소식 전하는 일을 담당하는 천사로, 사가랴와 마리아에게 요한과 예수의 탄생 소식을 알렸다.
- 그룹: 아담이 에덴동산에서 쫓겨날 때, 에덴동산을 지키는 천사다. 속죄소 덮개 모형에 그려져 있다.
- 스랍: 이사야가 소명을 받을 때, 하나님을 찬양하는 천사로 등장한다.
- 루시퍼: 한글 성경에는 이 이름으로 나오지 않고 '계명성'으로 등장하는데, 영어성경(KJV)에서는 '루시퍼(Lucifer)'로 표기했다.

> 또 주의 종 우리 조상 다윗의 입을 통하여 성령으로 말씀하시기를 어찌하여 열방이 분노하며 족속들이 허사를 경영하였는고 세상의 군왕들이 나서며 관리들이 함께 모여 주와 그의 그리스도를 대적하도다 하신 이로소이다 과연 헤롯과 본디오 빌라도는 이방인과 이스라엘 백성과 합세하여 하나님께서 기름 부으신 거룩한 종 예수를 거슬러 하나님의 권능과 뜻대로 이루려고 예정하신 그것을 행하려고 이 성에 모였나이다(행 4:25~28)

세상 군왕들과 관원들, 헤롯과 본디오 빌라도, 이방인들과 이스라엘 백성이 모두 합동해서 예수 그리스도를 거스리고 방해하지만, 결국 그런 악의 무리가 행하는 일을 통해 하나님의 권능과 뜻대로 이루려고 예정하신 일들이 이루어지는 아이러니가 기록되고 있습니다. 사탄의 세력은 자기 계획대로 일이 이루어진다고 생각하고 열심히 그 일에 매진하지만, 사탄이 방해하는 일이 결과적으로는 하나님 뜻대로, 하나님께서 이루시려는 방향으로 이루어집니다. 결국 사탄의 세력이 아무리 방해하려고 발버둥쳐도 하나님 나라는 하나님의 경륜과 아름다운 계획에 의해 그분 뜻대로 이루어집니다.

우리의 삶에서도 하나님 나라가 임하며 작은 하나님 나라가 우리 인생에, 가정에, 일터에, 교회 공동체를 통해 펼쳐지고 확장됩니다. 이 하나님 나라가 이루어지는 과정에서 하나님의 법과 사단의 법이 충돌합니다. 우정, 연애, 일터, 결혼, 사업, 취미 등등 우리의 삶 속에서도 하나님의 법과 사단의 법이 늘 전쟁을 벌입니다.

사탄은 무섭고 그 지혜와 힘이 인간보다 훨씬 뛰어납니다. 사탄의 세력과의 전쟁을 소홀히 여기거나 결코 가볍게 생각하지 말아야 합니다. 하지만 이 싸움은 우리의 대장이신 예수께서 광야에서 또한 십자가에서 승리하심으로 이미 승리를 확보한 싸움입니다. 두려움 없이 담대하게 선한 싸움을 싸워나가도록 합시다.

예수님은 무슨 일을 하셨나

이번 장에서는 태초부터 계셨고, 창조주이시며 하나님이신 예수께서 인간의 몸으로 오셔서 무슨 일을 하셨는지 함께 생각해보겠습니다.

온 인류를 구속하신 십자가 사랑

예수께서 이 땅에 오셔서 하신 수많은 일과 의미를 모두 설명하기는 무척 어려운 일입니다. 그분은 인간으로 오셔서 왕으로서 대제사장으로서 신으로서 구원자로서 많은 역할과 일을 행하셨습니다. 그 모든 행하신 일들을 한 단어로 정리한다면 '십자가'로 모아지지 않을까 생각합니다. 십자가 사건을 통해 구속을 이루신 것입니다. 구속을 이루시려고 구체적으로 하신 일이 십자가를 지신 것입니다. 우리가 아는 것처럼, 십자가 사건을 통한 '구속(救贖)'이라는 단어 안에는 여러 의미가 담겨 있습니다. 그중에 대표적인 몇 가지만, 살펴보도록 하겠습니다.

구속에 관해 묵상하며 여러 의미를 정리하는 데 고심하고 있었습니다. 자료를 찾아보며 어떻게 정리하면 좋을까를 생각하는데 우연히 〈속죄하신 구세주를(새찬송가 298장)〉 찬송을 부르게 되었습니다.

1절: 속죄하신 구세주를 내가 찬송하리라
내게 자유 주시려고 주가 고난 당했네
2절: 내가 구원받은 증거 기뻐 전파하리라
내 죄 모두 담당하신 주의 사랑 크셔라
3절: 승리하신 구세주를 내가 찬송하리라
죄와 죽음 지옥 권세 주가 모두 이겼네
4절: 고마우신 구세주를 내가 찬송하리라
죽음에서 생명으로 나를 인도하셨네

평소 이 찬송을 부르면서 가사를 깊이 묵상해 본 적은 없었는데, 가사를 잘 살펴보니 이 찬송시야말로 구속의 의미를 잘 정리하고 있다고 생각되었습니다. 작시자는 기차를 타고 아내와 함께 무디 천막집회에 가던 중에 철교가 무너져내려 100여 명의 승객과 함께 숨지고 말았습니다. 후에 이 찬송시 원고가 발견되어 곡조를 붙여 지금까지 애창되고 있다고 합니다.

- 내게 자유 주시려고(1절): 구속은 아담의 범죄 이후로 사탄에게 묶여 있는 인간들에게 그 결박으로부터 해방하고 우리에게 참 자유를 주신다는 의미가 있습니다.
- 내 죄를 담당하시려고(2절): 인간의 죄를 용서하기 위해서는 누군가가 대신 그 대가를 지불해야 하는데, 그 죄의 대가를 친히 담당하셨다는 의미가 있습니다.
- 죄와 죽음과 지옥 권세에서 구하시려고(3절): 죄의 결과로 우리는 모두 죽음과 지옥의 권세에 굴복하게 되었는데 그 죄와 죽음과 지옥 권세에서 우리 모두를 구하신다는 의미가 있습니다.
- 죽음에서 생명으로 옮기시려고(4절): 죄로 죽을 수밖에 없는 인간에게 새 생명을 주시고 영원한 생명의 길로 우리를 이끄신다는 의미가 있습니다.

여기에 더해 앞에서 살펴본 '창조'와 '타락'에서 생각해본 것을 적용하자면 두 가지를 더 생각해볼 수 있습니다.

- 하나님과의 관계를 회복하게 하시려고(창조/타락 묵상): 앞서 묵상했던 바와 같이, 아담의 죄로 끊어진 하나님과의 아름다운 사랑의 관계를 다시 회복시키시는 의미가 있습니다.

• 온 우주 만물의 저주를 풀고 회복하시려고(창조 / 타락 묵상): 지은 죄가 없지만, 인간의 죄로 인간과 함께 저주를 받았던 육축과 모든 짐승과 땅과 모든 피조 세계의 저주가 풀리며 창조 당시 원상태로 회복되는 의미가 있습니다.

앞서 언급했듯, 선악과의 범죄는 과실을 따먹고 인간이 죽음에 이르렀다는 단순한 사건이 아닙니다. 인간은 물론 모든 육축과 짐승들도, 심지어 땅도 함께 저주를 받았습니다. 이 일로 하나님께서 세우신 아름답고 선한 계획, 특히 모든 사랑의 관계가 다 끊어져 버렸습니다. 손상되고 깨진 하나님과 인간, 인간과 인간, 인간과 자연의 모든 관계를 완전히 회복하는 일이 필요했습니다.

때로 나 하나에게 관심을 집중하면서 예수님의 구원을 한 개인의 영역으로 축소하고 위축시키려는 경향이 있습니다. 나 한 사람의 구원도 중요하지만, 예수님의 구속은 온 인류와 우주를 향한 원대한 회복 계획과 사랑의 헌신임을 잊지 않아야 합니다. 반대로, 예수 그리스도의 구속을 전 우주의 회복으로만 확대하면서 개인의 구속에 대한 관심을 흩어버리는 것도 바람직하지는 않습니다. 각자의 구원을 구속의 전체 프레임 안에 포함시키고 자신은 아무 일도 안 하며 무임승차를 해서는 안 되겠습니다. 예수님의 구속을 바라보는 개인적인 체험과 묵상이 깊이 있게 진행되어야 하고, 동시에 인류 전체를 향한, 전 피조계의 회복을 위한 위대한 사역에 관한 묵상도 함께 균형을 갖추어야 합니다.

예수님과 구원 사역에 대해서는 주님과 동행하며 그 일을 목전에서 목격한 제자들을 통해 신약성경 특히 복음서에 상세히 기술되어 있습니다. 구약성경 또한 예수님과 그 하실 일에 대해, 구약의 대표적인 인물과 사건을 통해 지속해서 예언하고 있습니다. 특히 십자가에서 피 흘리시는 사건은 그 예표들이 명확히 기록되어 있습니다.

구약에 나타난 십자가 예표

유월절

예수님이 행하신 십자가 사건을 미리 예표하는 구약의 가장 대표적인 장면이 유월절 사긴입니다. 노예 상태에 있던 이스라엘 백성을 해방하라는 명령을 거부한 이집트의 바로 왕은 하나님께서 내리신 열 가지 재앙을 다 겪고 나서야 비로소 항복합니다. 그 마지막 재앙이 바로 장자의 죽음입니다. 왕에서부터 모든 백성, 짐승에 이르기까지, 첫째는 모두 죽임을 당했습니다. 그렇지만 이스라엘 백성은 그 장자의 죽음에서 벗어날 수 있었습니다. 바로 유월절 어린 양의 피 덕분입니다. 재앙이 있기 전날, 모든 이스라엘 백성은 모세의 명령대로 집 문설주와 인방에 양의 피를 바릅니다. 죽음의 사자는 이 문에 있는 피를 보고 그 집은 넘어가(Passover) 이스라엘 백성에게만 장자 죽음의 재앙이 임하

구약시대 성막의 모습

지 않습니다. 예수님의 십자가의 피는 죽을 수밖에 없는 우리를 덮어, 죽음의 사자가 우리를 해하지 못하고 넘어가게 만드는 유월절 어린 양의 피입니다. 구약 이야기 중에 십자가를 가장 명확히 예시한 사건이 바로 유월절 사건입니다.

속죄소

이집트에서 노예로 살던 이스라엘 백성이 해방되어 시내산에 도착합니다. 이집트의 법과 바로 왕의 명령을 따르던 노예에서 해방되어 이제 하나님께서 친히 그들이 살아가야 할 법과 명령을 주십니다. 출애굽기에는 성막에 대한 상세한 설명이 나옵니다. 그중에서 예수님의 십자가를 예표하는 것이 바로 속죄소입니다. 큰 장막으로 테두리를 둘렀는데, 그 안으로 들어가 번제단과 물두멍을 지나면 성막을 만납니다. 성막 안에는 휘장으로 가

법궤의 모습

려진 지극히 성스러운 장소인 지성소(The Most Holy Place)가 있습니다.

지성소 안에는 하나님께로부터 직접 받은 모세의 두 돌판과 만나를 담은 항아리가 있는 법궤가 있고, 그 법궤를 덮는 덮개 이름이 속죄소입니다. 은혜의 보좌라는 의미로 시은좌(Mercy Seat)라고도 불립니다. 이 덮개는 전체가 정금으로 만들어졌고 그 크기는 길이가 2규빗 반(약 1.25미터), 너비가 1규빗 반(약 0.75미터) 정도입니다. 생각보다 크지는 않지요? 덮개의 양쪽 끝에는 그룹이 서로 마주하며 날개를 펼친 모양을 하고 있습니다.

이 지극히 거룩한 장소인 지성소에는 아무나 들어갈 수 없습니다. 1년에 단 한 번 대제사장만이 들어갈 수 있습니다. 대제사장이 온 백성을 대신해 속죄소 위에 제물의 피를 뿌려 모든 백성의 죄를 용서받는 귀하고도 거룩한 행위입니다. 속죄소 위에 뿌

려진 제물의 피를 보시고 모든 이스라엘 백성의 죄를 용서하시는 모습이 마치 온 인류의 죄를 자신의 피로 덮으시고 구속하시는 예수님의 십자가 사건을 연상하게 합니다. 십자가의 대표적인 예표 중 하나입니다.

십자가 고난에 대한 묵상

예수님이 고난당하신 일들을 잠시 생각해봅니다. 사실 창조주요, 어떤 것에도 제한받지 않으시는 하나님께서 성육신하시고 이 땅에 오신 것 자체가 고난이자 고통입니다. 편안히 머리 둘 곳도 없이 사시며, 불쌍한 백성을 찾아다니고, 수많은 사람을 가르치며, 끝없이 몰려드는 병자를 하나하나 고치셨습니다. 주인이요, 왕이신 하나님께서 배고픔과 추위와 피곤함을 몸소 겪으셨습니다. 희생하고 헌신하고 자신을 모두 내어주면서도 무시당하시고 배척당하셨습니다. 그중에서도 하이라이트는 십자가 고난입니다.

> 그가 찔림은 우리의 허물 때문이요 그가 상함은 우리의 죄악 때문이라 그가 징계를 받으므로 우리는 평화를 누리고 그가 채찍에 맞으므로 우리는 나음을 받았도다 우리는 다 양 같아서 그릇 행하여 각기 제 길로 갔거늘 여호와께서는 우리 모두의 죄악을 그에게 담당시키셨도다 그가 곤욕을 당하여 괴로울 때

에도 그의 입을 열지 아니하였음이여 마치 도수장으로 끌려 가는 어린 양과 털 깎는 자 앞에서 잠잠한 양 같이 그의 입을 열지 아니하였도다(사 53:5~7)

그 고난은 십자가에 달리시기 전날부터 시작됩니다. 우리가 모두 경험했듯이, 큰 시험을 앞둔 상황에서는 시험 당일보다 시험 바로 전에 두려움과 떨림으로 더 어렵고 힘들기 마련입니다. 십자가에서 당할 압도적인 고통을 미리 아셨던 주님은 겟세마네 동산에서 극도의 스트레스 속에서 아버지께 부르짖으십니다. 이 잔을 내게서 옮겨주시라고 땀방울에 피가 맺힐 정도로 밤새도록 처절한 기도를 드리십니다.

기진맥진한 상태로 겟세마네 동산을 내려오시는 중에 사랑하며 동고동락했넌 제자의 배신으로 로마 병사들에게 붙잡혀 대제사장 뜰에서, 빌라도 앞에서, 다시 헤롯 앞으로 밤새도록 끌려다니십니다. 이후로 채찍으로 수없이 맞으시고, 가시관에 찔리시고, 목마름과 배고픔과 극도의 피로 속에서 빌라도의 법정에 다시 서십니다. 이 과정 중에 로마 병사들은 얼굴에 침을 뱉고, 뺨을 치고, 눈을 가리고 때리며 너를 친 자가 누구냐 맞춰보라 조롱하며 치욕스러운 시간은 끊임없이 이어집니다. 결국, 마지막에는 손과 발에 못이 박힌 채로 십자가에 달려 돌아가십니다.

마지막 판결에서 그동안 수많은 이적과 병 고침과 예수님의 사랑을 눈앞에서 경험한 백성은 강도요, 살인자인 바라바 편에서서 예수 대신에 바라바를 놓아주라며 등을 돌립니다. 참으로 허탈하고 외로운 순간이 아닐 수 없습니다. 잡히시던 순간부터 돌아가시기까지 사랑했던 제자들은 한 사람도 보이지 않고 그 고통의 시간을 홀로 외롭게 맞이하십니다.

자녀가 힘들어할 때, 병들어 아플 때, 대신 아파줄 수만 있다면 얼마든지 그 고통을 대신하고 싶은 것이 부모의 마음입니다. 이 잔을 옮겨달라는 아들의 처절한 부르짖음도 외면하고 아들을 십자가의 형틀로 보내며 밤새도록 그저 바라볼 수밖에 없는 아버지의 마음을 십자가 고난과 함께 묵상해봅니다.

시범을 보이시며 친히 가르치시는 진정한 스승

앞장에서 감옥에 갇힌 세례 요한이 예수님의 행적에 관해 의문을 품는 장면을 나누었습니다. 내가 만약 세례 요한이라면, 메시아를 오랫동안 간절히 기다려온 사람이라면 어떤 메시아를 기대했을까요? 만약 예수께서 지금 한국에 오신다면 우리는 무엇을 기대할까요? 큰 도시로, 대형 교회의 담임목사 또는 교단 총회장이나 신학교 총장 같은 리더 자리로 오실 것을 기대하지 않을까요? 하지만 예수께서는 우선 도시에 거하지도 않으셨습니다. 저 외딴 어촌 마을로 가셔서 신학은커녕 변변한 교육도 받지 못한 제자들, 어디에서도 존경이나 환영을 받지 못할 제자들을 부르셨습니다. 또한 신으로서, 왕으로서는 전혀 생각하지 못할 일을 하셨습니다.

아흔아홉 마리를 두고 한 마리 양을 찾으시는 비효율 시범

예수께서 아흔아홉 마리를 들에 두고 한 마리 양을 찾아 나서는 선한 목자를 말씀하실 때 그 비효율을 이해하기 어려웠던 적이 있습니다. 한 마리 양을 찾기 위해 아흔아홉 마리를 들에 그대로 두고 가시다니요? 1퍼센트를 찾으려고 99퍼센트 위험을 감수하다니요?

고등학교 시절, 특히 두 분의 선생님이 기억납니다. A 선생님은 항상 정장에 넥타이 또는 적어도 콤비 정장을 입으셨고 바지 주름은 칼같이 날이 서 있고, 반짝반짝 빛나는 구두, 단정 깔끔 그 자체였습니다. 반 성적은 늘 학교 최고, 체육대회를 해도 철저한 사선 준비로 한 달 전부터 연습하며 모든 면에 소홀함이 없었습니다. 성적이 뛰어난 학생 중심으로 반을 운영하셨고 학교에서 늘 칭송받는 엘리트주의 선생이셨습니다. 한편 B 선생님은 계절이 바뀌어야만 겨우 한 번씩 바뀌는 점퍼, 면바지인지 기지바지인지 분간이 되지 않는 주름 없는 통바지, 편해 보이는 낡은 캐주얼 신발, 기름진 머리를 하셨습니다. 항상 공부 못하고 말썽부리는 학생에 집중하셨고, 직접 가출한 학생을 잡으러 다니곤 하셨습니다. 공부 잘하던 B반 반장이 A반을 부러워하며 B 선생님께 투정을 부렸습니다. 공부 잘하는 학생 중심으로 대학 입시에 좀 신경을 써달라는 건의였습니다. B 선생님은 "너희는 어떻게든 살아갈 수 있지 않니? 하지만 저 못난 애들은 고등학교 졸업장이라도 꼭 따게 해줘야 나중에 밥벌이라도 할 거 아니냐?" 하시며 자율학습 시간에 감독은 안 하시고, 또다시 가출 학생을 찾아 나가셨습니다.

> 너희 중에 어떤 사람이 양 백 마리가 있는데 그 중의 하나를 잃으면 아흔아홉 마리를 들에 두고 그 잃은 것을 찾아내기까지 찾아다니지 아니하겠느냐 또 찾아낸즉 즐거워 어깨에 메고 집에 와서 그 벗과 이웃을 불러 모으고 말하되 나와 함께 즐기자 나의 잃은 양을 찾아내었노라 하리라 내가 너희에게 이르노니 이와 같이 죄인 한 사람이 회개하면 하늘에서는 회개할 것 없는 의인 아흔아홉으로 말미암아 기뻐하는 것보다 더하리라(눅 15:4~7)

이 땅에 오신 예수님은 학식과 지위가 높은 서기관과 바리새인은 찾아다니지 않고, 유대 지도자 핵심 그룹인 산헤드린 공회에도 찾아가지 않으셨습니다. 그 높은 위치의 지도자 위주로, 톱다운(Top-down) 방식으로, 천국 복음을 선포하셨으면 더 효과적으로 효율적으로 복음이 전파되지 않았을까요? 하지만 예수님은 가난한 자, 병든 자, 소외된 자, 세리와 창기를 찾으시고 심지어 그들과 식사하시고 어울리시고 그들과 끝까지 함께하셨습니다. 예수님은 평생 순종하며 성실히 살아온 형을 제쳐두고 말씽

꾸러기 동생 탕자를 기뻐하시는 아버지 비유를 드셨습니다. 인간 눈으로 보기에 참으로 이해하기 어렵고, 비효율적인 시범을 보이셨습니다.

스스로 내려가 만나주시는 겸손의 시범

겸임교수로 오랫동안 컴퓨터 소프트웨어를 가르쳐 보았습니다. 초기에는 경험이 부족해 많이 준비하고도 제대로 못 가르쳤습니다. 특히 프로그래밍 과정은 학생들을 이해시키기 어려웠습니다. 몇 년 후에는 경험과 요령이 쌓이면서 학생들이 만족스러워했습니다. 내가 아는 것을 설명하는 것이 중요한 것이 아니라, 먼저 학생들이 모르고 있는 것을 이해하고 그 부분을 쉽게 받아들일 수 있도록 가르치는 것이 핵심이었습니다.

진도가 조금 느리더라도 이론 교육을 줄이고, 실습 중심으로 강의를 바꾸었습니다. 조금 피곤했지만 실습하면서 강단에서 내려가 한 사람 한 사람씩 실습 시범을 보이고, 시간 여유가 있으면 수업 이후에도 실습 지도를 꾸준히 했습니다. 이후로 훨씬 더 많은 학생이 프로그래밍 과목을 잘 이해했고 강의 평가도 좋게 받았습니다.

> 시온의 딸아 크게 기뻐할지어다 예루살렘의 딸아 즐거이 부를지어다 보라 네 왕이 네게 임하시나니 그는 공의로우시며 구원을 베푸시며 겸손하여서 나귀를 타시나니 나귀의 작은 것 곧

나귀 새끼니라(슥 9:9)

예수님은 높은 곳에 오르셔서 또는 큰 왕궁을 지어놓고 백성에게 오라고 부르지 않으셨습니다. 머리 둘 곳조차 없으셨고, 유대와 사마리아 전 지역을 두루 다니시며 높은 곳에서 친히 낮은 곳의 모든 백성을 겸손히 찾아다니셨습니다. 왕이 탈 만한 마차나 긴 다리와 갈기를 휘날리는 멋진 백마를 타지 않으시고, 작고 소박한 나귀 새끼를 타고 예루살렘으로 입성하셨습니다. 왕이시지만 낮은 곳으로 더 낮은 곳으로 내려가 백성을 친히 만나주시는 겸손의 시범을 보이셨습니다.

몸소 행하시는 시범

회사는 말단 사원에서부터 대리, 과장, 부장, 상무, 전무, 사장 등 수많은 직급의 계층이 있습니다. 예수님은 세상 기업으로 예를 들자면, 대기업 회장 위치에 계신 분입니다. 원하는 일이 있으면, 임원이나 책임자를 불러 원하는 바를 이야기하고 명령이나 지시를 하면 충분히 그 결과를 얻을 수 있는 위치에 계셨습니다. 그런데 '섬김의 도'와 '희생', '헌신', '진정한 이웃 사랑'을 설명하고 가르치시는 예수님께서는 명령하거나 지시하지 않으시고 신이나 창조주로서는 전혀 어울리지 않는 기이한 방법을 사용하십니다. 높고 높은 하늘 보좌를 버리고 친히 낮고 낮은 땅에 내려오셔서 사람들이 보는 앞에서 몸소 시범을 보이십니다.

저녁 잡수시던 자리에서 일어나 겉옷을 벗고 수건을 가져다 가 허리에 두르시고 이에 대야에 물을 떠서 제자들의 발을 씻으시고 그 두르신 수건으로 닦기를 시작하여 시몬 베드로에게 이르시니 베드로가 이르되 주여 주께서 내 발을 씻으시나이까 (요 13:4~6)

사람이 배워야 할 일을 말로 설명하지 않으시고, 몸으로 직접 실행하며 본을 보이십니다. 사랑을 가르칠 때는 가난한 자, 병든 자를 위로하시고 치료하면서 사랑을 보여주시고, 기도를 가르치실 때는 피곤하신 중에도 새벽 미명에 홀로 조용한 장소를 찾아 기도하는 모습을 보여주시고, 낮아짐을 가르치실 때는 친히 제자들의 발을 닦는 일도 마다치 않으시고, 희생을 가르치실 때는 사신을 십자가에 내어주기까지 그 길을 직접 보여주셨습니다. 말뿐이 아니라 직접 시범을 보이시는 진정한 스승이셨습니다.

시범을 보이시는 하나님

성자 예수께서 신의 자리를 버리고 인간으로 낮아져서 친히 행함으로 보이신 시범에 대해 생각했습니다. 제자들도 서로 발을 씻기며 섬기도록 가르치시려고 친히 본을 보이시는 방법을 택하셨다고 하십니다.

내가 너희에게 행한 것 같이 너희도 행하게 하려 하여 본을 보였노라(요 13:15)

이 땅에 오신 예수님과 함께 일하시는 성부 하나님과 성령님의 시범도 함께 생각해봅니다.

성부 하나님의 시범

창조를 묵상해보면 하나님께서는 누가 종용하거나 강요하지도 않는데, 우주 만물을 너무나도 위대하게 창조하셨습니다. 큰 것은 무한히 크게, 작은 것은 무한히 작게, 그 종류가 너무도 다양하게, 그 수가 셀 수 없이 많게, 무한히 깊게, 세밀하게 만드셨습니다. 단 하나도 소홀함 없이 치열하게, 치밀하게 정성을 다해 만드셨습니다. 그 수많은 피조물은 서로 돕고 어울리며 질서정연하고 아름답게 조화를 이루며 공존하도록 하셨습니다. 만물을 창조하신 데서 그치지 않고, 창조 당시부터 지금까지 한 치 오차도 없이 온 우주를 운행하고 다스리고 통치하십니다. 우리에게 성실함의 본을 보여주고 계십니다.

하나님 형상을 따라 지어진 우리는 치열하게 일하시며 변함없이 유지하시는 성부 하나님을 기억하며 받은 달란트를 가지고, 치열한 삶으로, 변함없는 노력으로 세상에 선한 영향력을 끼치며 살아야 합니다. 이것이 인간을 향한 하나님의 본래 계획이 아닐까요?

성령 하나님의 시범

예수께서 부활 승천하시면서 우리에게 보혜사 성령님을 보내셨습니다. 그분 역시 하나님이지만 예수님처럼 신의 자리를 떠나 부여받은 임무에 겸손히 그리고 온전히 순종하고 계십니다. 우리 각 사람 마음에 친히 찾아오셔서 감동하고 감화하고 인도하고 보호하고 교통하시는 은혜를 끊임없이 부어주십니다. 우리의 연약함을 도우시고 때로 우리가 힘들고 지쳐 마땅히 빌 바를 알지 못할 때, 오직 성령께서 말할 수 없는 탄식으로 우리를 위해 친히 간구하십니다(롬 8:26~27). 지금도 친히 우리를 위해 일하시는 성령 하나님은 신실하게 순종의 시범을 보이십니다.

때때로 우리 신앙은 한결같지 못합니다. 은혜 충만한 때는 주를 위해 뭐든지 하겠다고 맹세하고는 금세 잊고 게으르고 나태한 길로, 배반과 죄악의 길로 순식간에 치닫습니다. 하나님이면서 이 땅에 보냄 받아 각 사람 마음속에서 한결같이 일하시는 성령님의 시범을 기억하며 우리 모두 성실하고 신실한 일꾼이 되기를 바랍니다.

핵심, 꼭 기억합니다!

공생애 기간 가장 가까이서 가장 오랫동안 예수님과 함께했던 요한은 예수께서 태초 당시부터 하나님과 함께 계셨고, 바로 하나님이셨고, 온 세상과 만물을 만드신 분이라고 요한복음에서 고백하며 선포합니다. 그분께서 인간의 타락으로 손상되고 깨지고 저주받은 이 세상을 구원하고 회복하시려고 택한 방법은 스스로 인간이 되어 이 땅에 오시는 것이었습니다. 사탄의 세력이 아무리 방해하려고 발버둥쳐도 하나님 나라는 하나님의 경륜과 아름다운 계획에 의해 그분 뜻대로 이루어집니다.

예수님은 가장 낮은 곳에서 낮고 천한 사람들과 대부분 시간을 보내시며, 그들에게 필요한 것을 공급하시고 함께 먹고 함께 자고 함께 울며 함께하셨습니다. 겸손히 섬기며 낮아지는 것을 가르치실 때는 친히 수건을 두르고 무릎 꿇고 제자들의 발을 씻기셨습니다.

명령하고 지시하는 대신에 친히 행함으로 시범을 보이셨습니다. 적선하듯 주신 것이 아니라, 자신의 모든 것, 즉 생명까지 내어주셨습니다. 우리는 그 사랑을 어떻게 이해하고 받아들여야 할까요?

6장

하나님 나라

나더러 주여 주여 하는 자마다 다 천국에 들어갈 것이 아니요 다만
하늘에 계신 내 아버지의 뜻대로 행하는 자라야 들어가리라(마 7:21)

하나님 나라로의 초대

하나님 나라는 '하나님'과 '나라'가 합쳐진 복합어입니다. 이 장에서는 '하나님'과 '나라'를 따로 떼어놓고 우선 '하나님'에 대한 특성을 생각해보고, '나라'에 대한 기본 정의를 되짚어보면서 하나님 나라를 정리해보겠습니다.

하나님 나라, 무엇인가

어떤 사람을 소개해보라고 하면 보통은 어떻게 할까요? 부모님이나 배우자는 누구인지, 자녀들은 어떻게 되는지, 직업은 무엇인지, 취미는 무엇인지 등으로 나누어서 설명할 수 있습니다. 하지만 이 사실들을 꼼꼼히 모아서 알렸다고 해서 설명이 충분히 된 것일까요? 그의 지식과 경험, 성격과 속마음, 어린 시절 추억, 좋아하는 음식, 행복했던 시간, 힘들었던 순간, 마음속 고민 등 겉으로 드러나지 않은 수많은 것을 모두 설명하기란 쉽지 않을 것입니다.

한 사람을 설명하는데도 쉽지 않은데 하물며 하나님을 어떻게 정확히 소개할 수 있을까요? 인간이 신을 깨닫고 설명하는 일은 마치 땅을 기어 다니는 개미가 인간을 인지하고 설명하는 일만큼이나 어려운 일입니다. 어쩌면 거의 불가능한 일입니다. 우리 지식이나 의지로는 신을 알 수 없고 오직 신이 자기 모습을 인간에게 드러내는 범위 안에서만 깨달을 수 있습니다. 신을 직접 설명할 수 없다면 신이 우리에게 간접적으로 드러내신 그 특성을 파악해서 일부분이라도 설명해보면 어떨까요?

하나님

1980년대, 제가 다니는 교회에서는 중학생이 되면 어른들과 함께 11시 예배를 드려야 했습니다. 초등학교 6학년 겨울방학이 되면 동화 설교도 어린이 율동과 찬양도 없는 엄숙한 어른 예배에 참석해야 했습니다. 엄숙하고 지루한 예배에 적응하기도 어려웠지만, 무엇보다도 힘들었던 것은 알아듣기 어려운 장로님들의 기도였습니다. "알파와 오메가요, 자존하시며, 영원무한 하시고, 전지전능하시고, 무소부재 하시며……." 도대체 무슨 말인지 알아듣지 못할 지루하고 한자말이 많이 사용된 기도가 길게 이어졌습니다. 그런데 지금 그 기도를 떠올려 보니 하나님의 특성을 정리하는 데 좋은 힌트가 됩니다.

- 자존(自存): 하나님은 스스로 계시는 분입니다. 모세가 하나님이 어떤 분인지 여쭈었을 때 직접 답변하신 자신에 대한 소개입니다. 인간을 포함한 우주 만물은 반드시 만든 이가 있습니다. 무신론자들은 우주를 신이 만들었다면 신은 누가 만들었느냐고 묻습니다. 하나님은 그 누구에게도, 그 어떤 것에도 영향을 받지 않으시는 유일한 분, 스스로 존재하는 분입니다.
- 영원무한(永遠無限): 3차원 시공간의 틀 안에 있는 우리는 영원에 대해 그저 상상만 할뿐 명확히 이해할 수 없습니다. 우주의 모든 것에 시작과 끝이 있지만, 시간으로는 영원 전부터 영원 후까지 존재하시며 한계가 없는 분입니다. 우리와 같이 시공간의 틀과 한계에 갇히지 않고, 그것을 초월해 계시기에 가능합니다.
- 전지전능(全知全能): 하나님은 완전무결한 지혜와 능력을 소유하신 분입니다. 모르는 것이 없고 못 하는 일이 없습니다. 즉 모든 이치를 다 아시고 어떠한 일도 할 수 있는 능력 있는 존재입니다.
- 무소부재(無所不在): 없는 곳(無所)이 없다(不在), 즉 어디에나 계신다는 말입니다. 편재(偏在)라는 표현을 사용하기도 합니다. 모든 공간을 초월하시며 동시에 모든 곳에 존재하는

분입니다.

- 자충족(自充足): 스스로 만족하시는 하나님입니다. 모든 우주 만물의 변화에는 반드시 원인이 있고, 그 원인의 결과로 변화가 발생합니다. 원인 없는 변화는 없습니다. 하나님은 어떤 원인에도 영향을 받지 않으시는 제1원인(First Cause)입니다. 그 존재의 이유와 행동의 근거를 다른 데서 찾지 않으시고 스스로 충족하시는 분입니다.
- 아버지: 하나님의 성품과 그 능력은 인간의 제한적인 언어로 온전히 설명하거나 표현하기 어렵습니다. 위에 나열한 특성 외에도 성경에서 하나님의 능력과 성품을 표현하는 수많은 장면이 있습니다. 하지만 무엇보다도 인간에게 보여주고 싶은 하나님의 모습 중에서 가장 중요한 것 하나는 '아버지'가 아닐까 생각합니다. 하나님께서는 우리에게 당신을 아버지라 부를 수 있는 특권을 주십니다.

너희는 다시 무서워하는 종의 영을 받지 아니하고 양자의 영을 받았으므로 우리가 아빠 아버지라고 부르짖느니라(롬 8:15)

우리 인생에서 받을 수 있는 것 중에 부모의 사랑만큼 더 소중하고 아름다운 것이 있을까요? 하나님은 당신을 우리에게 아버지로 나타내십니다. 온 우주의 창조주시요, 만왕의 왕이신 하나님은 바로 우리의 아버지이십니다.

나라: 하나님의 통치가 미치는 영역

'나라', 즉 국가는 눈에 보이지 않는 무형의 사회집단입니다. 눈에 보이지 않지만, 이 국가라는 틀 안에서 개인(국민)은 자유와 생명과 재산에 대한 권리를 보호받고, 대신에 개인은 나라의 법과 제도의 통제를 받습니다. 나라가 성립하려면 국민, 영토, 주권의 세 요소가 필요합니다. 이 중 어느 하나라도 없으면 나라를 이룰 수 없습니다. 우리는 1910년에 일본에 합방되면서 1945년 해방이 될 때까지 일본의 통치를 받았습니다. 이 36년 기간 동안 국민과 영토는 그대로 있었지만, 주권이 일본에게 빼앗겨 온전한 나라를 이루지 못했습니다.

'하나님'과 '나라'를 합쳐서 생각해보겠습니다. 세상 나라와 마찬가지로 하나님 나라 역시 눈에 보이지 않는 무형의 개념입니다. 이 땅에서 하나님 나라 또한, 그 중심 요소를 국민, 영토, 주권으로 나누어 생각해 볼 수 있습니다. 하나님을 주인으로 섬기는 백성이 하나님을 찬양하며 일정한 장소에 모여 하나님께 예배드린다면 그곳을 하나님 나라로 부를 수 있을까요?

국가의 세 요소인 국민, 영토, 주권 중에서 하나님 나라의 가장 중요한 핵심은 '주권'에 있습니다. 일반적으로 자유민주주의 국가의 주권은 국민에게 있습니다. 하지만 하나님 나라의 주권은 하나님께 있습니다. 하나님 나라, 즉 천국은 시공간적 개념보다는 하나님의 주권, 하나님의 통치(바실레이아, Kingship)가 전적으로 영향을 미치는 곳을 의미합니다.

하나님을 내 인생의 주인으로 인정하며 살아가는 나와 나만의 공간은 곧 하나님 나라입니다. 온 가족이 하나님을 섬기며 하나님을 주인으로 모시며 살아가는 가족 공동체는 하나님 나라입니다. 하나님의 통치가 전적으로 영향을 미친다면 학교나 직장 역시 하나님 나라입니다. 그 중심에는 하나님의 주권, 통치하심이 있습니다.

하나님 나라, 어디에 있는가

지금은 많이 달라졌지만, 어린 시절에 교회에서는 늘 천국과 지옥을 중심 주제로 다루었습니다. 주일학교 가르침은 물론, 전도의 주제도 천국과 지옥이었습니다. 예수 믿고 천국 가는 길과 불신으로 지옥 가는 양자택일의 갈림길만을 지나치게 강요하던 시절이었습니다. 물론 그것이 신앙의 중요한 한 축임은 분명합니다.

하나님 나라는 우리가 볼 수 없는 우주 끝 어디엔가 하나님께서 새 하늘과 새 땅을 예비해두셨고 예수께서 구름 타고 다시 오실 때, 우리는 모두 그곳으로 옮겨간다는(휴거) 주장이 있습니다. 다른 편에서는, 하나님은 당신께서 지으신 모든 것을 아끼시는 분이라 이 땅을 버리고 새로운 곳으로 가는 것이 아니라 처음 만드신 이 땅을 완전히 회복시키셔서 이 땅 위에 새 하늘과 새 땅이 다시 회복되어 우리가 거기서 살아간다고 이야기합니다.

시공간의 영역에서 살아가는 우리는 때로 장소에 지나치게 집착합니다. 천국은 어디에 있는지, 어떻게 그곳으로 가는지 무척 궁금해합니다. 하지만 앞에서 설명했듯이, 하나님 나라 즉 천국은 영토나 공간 또는 장소가 중요한 요소가 않습니다. 하나님 나라의 핵심은 '하나님의 주권, 하나님의 통치하심이 전적으로 영향을 미치는가'입니다.

하나님 나라를 묵상하다가 떠오른 찬양 〈내 영혼이 은총 입어〉의 3절입니다.

> 높은 산이 거친 들이 초막이나 궁궐이나
> 내 주 예수 모신 곳이 그 어디나 하늘나라
> 할렐루야 찬양하세 내 모든 죄 사함 받고
> 주 예수와 동행하니 그 어디나 하늘나라

우리가 그토록 궁금해하며, 그토록 가고 싶어 하는 그곳이 높은 산이면 어떻고 거친 들이면 또 어떻습니까? 그곳이 초막이건 궁궐이건 무엇이 중요하겠습니까? 내 모든 죄를 사함 받고, 주 예수와 동행하며, 내 주 예수를 모신 곳! 그곳이 바로 하늘나라, 하나님 나라 아니겠습니까? 하나님 나라의 세 요소 중에 가장 중요한 하나님의 주권과 통치가 온전히 영향을 미치는 곳이면 그

곳이 바로 하나님 나라요 천국이요 하늘나라입니다.

누가 하나님 나라에 들어가는가

천국에 가면 두 번 깜짝 놀란다는 말이 있습니다. 처음에는 천국에 꼭 있어야 할 사람이 없어서 놀라고, 두 번째는 천국에 올 수 없을 사람이 있어서 놀란다는 우스갯소리를 들었습니다. 과연 누가 하나님 나라에 들어갈 수 있을까요? 주일예배를 성수하고, 꼬박꼬박 헌금과 십일조를 내고, 아침부터 저녁까지 교회에서 봉사한다고 해서 천국에 확실히 들어간다고 확신할 수 있을까요?

> 예수께서 성전에 들어가 가르치실새 대제사장들과 백성의 장로들이 나아와 이르되 네가 무슨 권위로 이런 일을 하느냐 또 누가 이 권위를 주었느냐(마 21:23)

많은 백성이 따르는 예수님의 인기에 위협을 느낀 종교 지도자들은 어떻게든 그분을 꼬투리 잡으려고 일거수일투족을 감시합니다. 동네 깡패들이 쓸 법한 말로 시비를 걸어옵니다. 대체 누구 허락받고 여기서 장사를 하느냐고 따져 묻는 식입니다. 예수께서는 대답 대신에 질문을 하나 하십니다. 요한의 세례가 어디에서 왔는지 물으십니다. 하늘에서라고 하면, 왜 저를 믿지 않았는지 책망받을 것이고, 사람에게서라고 하면 백성이 요한을 선지자로 여기기 때문에 백성의 반발을 살까 봐 두려워 모른다고 대답합니다. 예수께서 그렇다면 당신도 대답하지 않겠다고 하신 후에, 쉽고 재미난 이야기를 비유로 말씀하시며 천국에 들어갈 자격에 대한 힌트를 주십니다.

> 어떤 사람에게 두 아들이 있는데 맏아들에게 가서 이르되 얘 오늘 포도원에 가서 일하라 하니 대답하여 이르되 아버지 가겠나이다 하더니 가지 아니하고 둘째 아들에게 가서 또 그와 같이 말하니 대답하여 이르되 싫소이다 하였다가 그 후에 뉘우치고 갔으니 그 둘 중의 누가 아버지의 뜻대로 하였느냐 이르되 둘째 아들이니이다(마 21:28~31상)

포도원 일을 시키시는 아버지께 대답으로는 순종했지만 실제 일은 하지 않은 형과 대답은 퉁명스레 거절했지만 나중에 뉘우치고 실제로 일을 한 동생에 대한 이야기입니다. 형은 순종의 형식은 갖추었지만 실제 내용이 없었고, 동생은 비록 형식은 갖추지 못했지만 실제로 일을 함으로써 내용은 갖추었습니다. 과연 누가 아버지 뜻에 순종한 아들입니까? 예수께서 물으시니 사람들이 둘째 아들이라 대답합니다.

우리는 막연히 하나님 나라에 꼭 들어가야 한다고 생각하고, 들어가려고 애쓰지만 정작 그 하나님 나라가 무엇인지, 어디에 있는지, 어떻게 해야 갈 수 있는지에 대해서는 별 관심이 없는 듯합니다. 예수님의 말씀대로라면 아버지 뜻대로 행함 없이 그저 외형만, 형식만 갖추어서는 하나님 나라에 들어갈 수 있다고 장담하기 어려울 것입니다. 예수께서는 천국에 들어갈 사람에 대해 이같이 이야기하시면서 대제사장들과 장로들과의 대화를 마치십니다.

> 예수께서 그들에게 이르시되 내가 진실로 너희에게 이르노니 세리들과 창녀들이 너희보다 먼저 하나님의 나라에 들어가리라(마 21:31하)

과연 우리는 세리나 창기들보다 먼저 또는 그 후에라도 하나님 나라에 들어갈 수 있을까요?

> 나더러 주여 주여 하는 자마다 다 천국에 들어갈 것이 아니요 다만 하늘에 계신 내 아버지의 뜻대로 행하는 자라야 들어가리라(마 7:21)

예수님께서는 서기관이나 바리새인처럼 아무리 외형을 잘 갖추고 있더라도, 겉으로 보기에 남들이 보기에 아무리 좋아 보여도 천국에 들어가지 못할 수 있음을 경고하십니다. 우리 생각과 우리 방식으로 교회에서 열심을 내고, 사람들에게 인정받고, 사람들 눈에 좋게 보인다고 해서 천국행 티켓을 확보했다 자신할 수 있을까요? 예수께서는 오직 하늘에 계신 아버지의 뜻을 깨닫고 그 뜻대로 행하는 자라야 들어갈 수 있다고 명확히 말씀하십니다.

내가 속한 하나님 나라

예수께서 재림하시면 온 세상을 완전한 하나님 나라로 다시 회복시키실 것입니다. 하지만 그전에도 우리는 이 땅 가운데 살면서 하나님 나라가 임하시기를 소망하며 살아가고 있습니다. 국민과 영토와 주권이 하나님 뜻대로 구성되어 있다면 지금도 하나님 나라를 만들 수 있고, 하나님 나라에 거할 수 있고, 이곳에서 하나님 나라를 누릴 수 있습니다.

나와 내 인생은 하나님 나라입니까

내 인생의 주인은 하나님이심을 인정하고 그 통치권 아래에서 살아가는 사람이라면 당신은 하나님 나라 백성입니다. 또한 내가 가는 곳에 하나님 함께하시는 하나님 영역이고, 내 인생에 하나님의 통치를 받기로 결정했다면 나의 인생은 하나님 나라 영역 안에 있습니다. 하지만 완벽한 하나님 나라가 세워지는 일은 매우 어렵습니다. 때로 내 인생에 하나님 뜻과 통치와는 다른 일들이 벌어집니다. 죄와 결탁해 범죄하는 일이 삶 가운데 일어납니다. 그러한 일 중 일부는 내가 원치 않지만 어쩔 수 없이 일어나기도 하고, 때로는 자기 의지로 하나님 통치를 거절할 때도 있습니다.

가정은 하나님 나라입니까

온 가족이 하나님을 주인으로 섬기면 나의 가정 또한 하나님 나라입니다. 가족 모두 모여 예배드리고 찬양하고 기도합니다. 하지만 역시 이곳에도 하나님의 통치를 거스르는 일이 생기고, 때로 가정 안에서도 하나님 뜻을 거스르는 많은 일이 자라나며 온전한 하나님 나라가 되기에는 부족한 부분이 많습니다. 또한 아직 하나님을 믿지 않는 가족이 있다면 온전한 하나님 나라를 이루기 어렵습니다.

교회는 하나님 나라입니까

교회는 하나님 나라 모형에 가장 가까운 영역이 아닐까 싶습니다. 하나님을 주인으로 섬기는(주권) 백성(국민)이 같은 마음을 품고 한자리(영토)에 모여 공동체를 이루고 함께 삶을 나눕니다. 하지만 교회에서도 항상 하나님의 통치가 온전히 펼쳐지지는 않습니다. 하나님께서 우리에게 가르치신 사랑과 배려와 희생과 헌신을 온전히 이루어가야 하겠습니다.

우리의 학교와 일터는 하나님 나라입니까

기독교인 중심의 회사나 미션스쿨은 하나님을 섬기는 사람의 비중이 높은 편이지만, 일반적으로 믿음의 가정이나 교회와는 달리 학교나 일터는 우리와 생각이 전혀 다른 사람들도 한데 모여 있습니다. 내가 원하는 대로 하나님 나라를 선포할 수 없습니다. 일부는 하나님의 백성이고 일부는 아닙니다.

하나님 나라의 확장

부활 승천하시면서 이 땅에서의 마지막 순간에 예수님은 우리에게 지상명령을 주십니다. 모든 민족으로 세례를 주고, 예수님의 가르침을 전하라는 말씀, 즉 하나님 나라를 확장하라는 명령입니다.

> 그러므로 너희는 가서 모든 민족을 제자로 삼아 아버지와 아들과 성령의 이름으로 세례를 베풀고 내가 너희에게 분부한 모든 것을 가르쳐 지키게 하라(마 28:19~20)

엔지니어의 시각으로 보면, 하나님 나라는 양적인 부분과 질적인 부분으로 나누어 생각해볼 수 있습니다. 양적인 부분은 눈에 보이는 숫자, 크기, 비율로 비교적 쉽게 평가할 수 있습니다. 반면에 질적인 부분은 하나님의 기준 또는 하나님 뜻이 온전히 영향을 미치고 있는지를 판단해야 하므로 쉽게 평가하기 어렵습니다.

우리가 확장해 나가야 할 하나님 나라는 양적인 확장도 중요하지만, 질적으로 하나님 뜻이 얼마나 온전히 이루어지는지도 고려해야 할 중요한 부분입니다.

우리의 학교와 일터에서의 하나님 나라 확장

우리 학교 또는 회사 전체 인원 중에 기독교인은 몇 퍼센트인지 양적 시각으로 표현이 가능할 것입니다. 양적으로는 전도를 통해 하나님 백성의 수를 늘려가는 노력이 필요하겠습니다. 또한, 먼저 믿는 자들이 말씀과 기도 가운데 이웃 사랑의 본을 보이며 질적으로 하나님 나라의 수준을 높이는 일에도 부지런히 힘써야 하겠습니다.

우리의 교회에서의 하나님 나라 확장

교회라 함은 양적으로는 출석하는 모든 신자가 하나님을 믿는 백성이라 할 수 있습니다. 질적으로는 여전히 완전한 하나님 나라를 이루지 못하고 있는 부분이 있습니다. 다툼과 시기와 질투, 성공주의, 성장주의, 기복신앙 등 우리가 새롭게 회복해야 할 많은 과제가 있습니다. 믿지 않는 이웃을 전도해 양적인 확장을 이루고, 말씀대로 행함으로 온전한 그리스도의 사랑을 이루어, 질적으로도 온 교회의 신앙의 수준을 높이고 확장해 나가야 하겠습니다.

우리의 가정에서의 하나님 나라 확장

양적으로는 하나님을 알지 못하는 가족들을 퍼센트로 환산해 볼 수 있습니다. 이 가족들을 속히 전도해서 100퍼센트 믿음의 가정으로 만드는 노력을 기울여야 하겠습니다. 교회와 마찬가지로 하나님 뜻에 합당하지 않은 부분들을 생각해보고 하나하나 가정 밖으로 내다버리고 질적으로도 하나님 나라를 확장하는 가정이 되도록 힘써야 하겠습니다.

나와 내 인생에서의 하나님 나라 확장

나는 한 사람이므로 굳이 양적인 확장보다는 내 인생의 전 영역이 하나님 나라가 되고 있는지 돌아보아야 하겠습니다. 나는 가정에도, 교회에도, 학교나 직장에도, 다른 여러 모임에도 속해 있습니다. 각 영역에서 하나님 나라에 있어서는 안 될 부분들과 하나님 나라에 꼭 있어야 하지만, 아직 부족한 부분들을 묵상해 보고, 내 인생 전체가 하나님 나라 영역 안에 있도록 힘써야 하겠습니다.

그 완전한 포도원의 역사

아담의 범죄 이후로도 인간을 향한 하나님의 짝사랑은 식을 줄 모르고 계속 이어집니다. 하나님께서는 마치 주인이 아름다운 최고의 포도원을 가꾸는 것처럼 온전한 하나님 나라를 만들어 가시려 크고 원대한 계획을 세우십니다. 이사야 선지자는 하나님께서 당신의 나라를 이루시는 일을 마치 농장주인이 정성을 다해 포도원을 가꾸는 모습으로 묘사합니다.

나는 내가 사랑하는 자를 위하여 노래하되 내가 사랑하는 자의 포도원을 노래하리라 내가 사랑하는 자에게 포도원이 있음이여 심히 기름진 산에로다 땅을 파서 돌을 제하고 극상품 포도나무를 심었도다 그중에 망대를 세웠고 또 그 안에 술틀을 팠도다 좋은 포도 맺기를 바랐더니 들포도를 맺었도다 예루살렘 주민과 유다 사람들아 구하노니 이제 나와 내 포도원 사이에서 사리를 판단하라 내가 내 포도원을 위하여 행한 것 외에 무엇을 더할 것이 있으랴 내가 좋은 포도 맺기를 기다렸거늘 들포도를 맺음은 어찌 됨인고(사 5:1~4)

주인이신 하나님께서는 좋은 열매를 얻기 위해 기름진 땅을 구하시고, 땅을 파고 돌을 잘 골라내어 최고의 포도원을 가꾸십니다. 이 아름다운 포도원을 통해 최상품 포도 열매를 기대하는 주인의 지극한 정성과 사랑에 대해 종들은 매번 배신과 반역으로 아픔과 상처만을 남깁니다. 그럼에도 아름다운 포도원과 풍성하고 좋은 포도 열매를 위해 다시, 또다시 새 포도원을 가꾸어 가시는 주인의 아픈 마음은 계속 이어집니다. 이스라엘 역사는 한없는 사랑으로 그 포도원을 가꾸시는 주인과 끊임없이 주인의 사랑을 거부하고 배반하며, 들포도 열매를 맺는 악한 포도나무 이야기로 구약 내내 이어집니다.

아브라함을 통해 다시 시작하신 포도원

하나님께서 지으신 아름다운 첫 포도원(하나님 나라) 에덴동산은 최상의 포도 열매를 기대했지만, 아담의 범죄로 들포도가 맺혔고 결국 폐쇄되었습니다. 그 이후로도 범죄 역사가 계속 이어집니다. 노아의 홍수로 온 인류를 벌하시고 그 이후 바벨탑 사건으로 온 인류가 흩어져 번성했지만, 하나님의 주권과 통치가 전적으로 임하는 하나님 나라는 어디에서도 기대할 수 없었습니다. 하나님께서 다시 시작하시는 포도원 즉, 하나님 나라는 한 사람을 택해 믿음의 조상으로 세우시고, 그 후손들을 통해 새롭게 시작하는 방식으로 다시 진행됩니다.

지금의 우리는 구약과 신약의 모든 이야기를 알지만, 당시 아브라함은 인류 구원을 향한 하나님의 원대한 계획을 이해할 수 없었을 것입니다. 하나님께서는 아담을 통해 저주받은 온 우주와 인류를 아브라함을 통해 회복시키겠다고 하지 않으셨습니다. 아브라함이 이해하기 쉽도록 "너는 복이 될지라" 말씀하시며 부르십니다.

모세를 통해 계획하신 포도원

아브라함을 통한 아름다운 포도원을 기대했지만, 그 후손들은 애굽의 노예가 되어 고통받고 신음했습니다. 이번에는 모세를 택하셔서 이스라엘 백성을 노예에서 해방하게 하고, 하나님께서 준비하신 새로운 포도원(가나안)으로 인도하실 계획을 세우십니다.

아브라함에게는 복의 근원을 말씀하셨지만, 모세에게는 하나님의 법을 주심으로 더 구체적이고 명확히 하나님의 주인 되심을 이스라엘 백성에게 말씀하십니다. 즉 하나님께서 친히 왕이 되심을 모세에게 주신 율법을 통해 온 백성에게 나타내십니다.

하지만 400년이 넘도록 이스라엘 백성의 삶에 배인 노예근성은 쉽게 회복되지 않았습니다. 이스라엘 백성은 애굽에서 열 가지 재앙을 경험했고, 홍해 바다를 마른 땅처럼 건넜으며, 만나와 메추라기뿐 아니라 반석에서 샘물을 내시는 엄청난 기적들을 직접 두 눈으로 똑똑히 목격했던 사람들입니다. 그러나 하나님의 뜻을 거스르고 불신, 불순종, 거역, 반역하는 역사가 광야 기간 내내 이어집니다. 그런 용납하지 못할 이스라엘 백성에게 친히 왕이 되어주시고자 계속 쫓아다니며 짝사랑하시는 하나님의 모습이 못내 애처롭고도 이해하기 어렵습니다.

오래 참지만, 무한히 기다리지 않고 때로 진노하시는 하나님은 열두 명의 정탐꾼 사건 때문에 광야 생활을 40년 연장하십니다. 하나님께서는 이번에도 정성껏 준비하고 가꾸시며 최상품 포도 열매를 기대하셨지만, 결국 이스라엘은 시작도 하기 전에 광야에서 들포도를 맺고야 말았습니다. 40년 광야 기간에 불순종을 일삼는 부모 세대는 다 죽고, 젊은 세대를 중심으로 극상품의 새 포도나무를 또다시 준비하십니다. 그 이후로 여호수아를 통해 가나안을 정복하게 하시고 가나안에서 새 포도원을 가꾸어 가십니다.

사사들에게 맡기신 포도원

여호수아를 통해 가나안을 정복하게 하시고 각 지파별로 땅을 분배하신 하나님은 사사들을 통해 새 포도원을 이어가십니다. 하나님 말씀대로 가나안을 완전히 진멸하지 못한 이스라엘 백성은 그 땅의 남은 족속들과 교류하며 우상숭배가 이어집니다. 주변국을 일으키셔서 이스라엘을 침략하게 하시는 하나님의 형벌을 통해 온 백성이 회개하면 다시 살리시고, 그렇게 살아나면 다시 범죄하는 악순환의 시대가 펼쳐집니다.

결국 사사기 마지막 부분에는 제사장을 자기 마음대로 한 집안에 두고, 서로 뺏고 빼앗기는 어이없는 이야기가 나옵니다. 게다가 한 레위인이 강간을 당하고 죽은 첩의 시신을 토막 내어 각 지파에 보내고, 그 사건을 빌미로 이스라엘의 각 지파가 동족상잔의 비극적인 혈투를 벌이는 정말 지저분하고 황당한 이야기가 펼쳐집니다.

> 그 때에 이스라엘에 왕이 없으므로 사람이 각기 자기의 소견에 옳은 대로 행하였더라(삿 21:25)

하나님의 주권과 통치는 온데간데없고 각자 자기 생각(소견) 대로 살아가는 어이없는 상황이 되었습니다. 사랑과 정성을 다한 주인의 기대와 달리 패악한 이스라엘 백성은 또다시 형편없는 들포도를 맺고야 말았습니다.

왕국으로 이어지는 포도원

가증스럽게도 이스라엘은 이제 자기 주인이자 왕이신 하나님의 직접적인 통치를 거부하고 눈에 보이는 인간 왕을 요구합니다. 백성의 요구가 옳은 것은 아니었지만, 하나님은 백성이 원하는 대로 선지자 사무엘을 통해 이스라엘에 왕을 세우시고 그 왕국을 통해 새롭게 포도원을 시작하십니다. 비록 첫째 왕 사울은 실패했지만, 하나님 마음에 합한 사람 다윗을 통해 극상품 포도 열매의 가능성을 보십니다. 또한 다른 것보다 지혜를 사모한 솔로몬을 통해 하나님의 계획이 성취되는 것 같았습니다. 특히 솔로몬은 아버지의 헌신을 이어받아 거룩하고 아름다운 예루살렘 성전을 건축했고, 온 백성이 경배하는 성전에 빽빽한 구름으로 임재하며 화답하시는 하나님을 체험하며 이스라엘 역사는 클라이맥스를 맞이합니다. 이제는 정말 탐스러운 포도 열매를 맺는 듯했습니다.

그러나 완벽할 것 같았던 이 왕국도 오래가지 못하고 솔로몬의 아들 르호보암 대에서 남북으로 분열되었습니다. 일부 선한 왕도 있었지만, 남북 왕조 대부분 왕은 하나님의 뜻을 거역하고 우상을 숭배하는 죄악의 길을 반복해서 걷습니다.

> 이제 내가 내 포도원에 어떻게 행할지를 너희에게 이르리라 내가 그 울타리를 걷어 먹힘을 당하게 하며 그 담을 헐어 짓밟히게 할 것이요 내가 그것을 황폐하게 하리니 다시는 가지

를 자름이나 북을 돋우지 못하여 찔레와 가시가 날 것이며 내가 또 구름에게 명하여 그 위에 비를 내리지 못하게 하리라 하셨으니 무릇 만군의 여호와의 포도원은 이스라엘 족속이요 그가 기뻐하시는 나무는 유다 사람이라 그들에게 정의를 바라셨더니 도리어 포학이요 그들에게 공의를 바라셨더니 도리어 부르짖음이었도다(사 5:5~7)

지칠 대로 지친 포도원 주인은 울타리를 걷고 담도 헐어 농장을 짓밟히게 하십니다. 포도밭은 황폐해지고, 잡초와 가시나무만 남은 폐허가 되도록 두십니다. 왕국을 통해 이루시려 했던 포도원은 이후로 차차 쇠락의 길을 걷다가 북이스라엘은 앗수르 제국에 패망하고(BC 722) 남 유다는 바벨론 제국에 패망합니다(BC 586). 하나님의 포도원 계획은 또다시 허사로 돌아갑니다.

역사 속에서 사라져야 마땅함에도 이스라엘은 하나님의 용서와 은혜를 다시 경험합니다. 페르시아 제국 고레스왕 원년에 유대인은 본국으로 귀환해 성전을 재건하고 무너진 성벽을 다시 쌓고 소망 가운데 회복되길 기대합니다. 과거 다윗과 솔로몬의 영광스러운 시대를 꿈꾸며 초라한 포도원의 명맥을 근근이 이어 갑니다.

주인의 아들을 맞이하는 포도원

종들에게 계속해서 실망한 포도원 주인은 이번에는 마지막으로 당신의 아들을 보내 직접 포도원 일꾼을 다스리기로 계획합니다. 다른 이들은 몰라도 설마 주인의 아들까지 무시하랴 생각했습니다. 당연히 주인의 아들은 공경하고 그 이야기를 잘 따르겠거니 생각했습니다.

> 포도원 주인이 이르되 어찌할까 내 사랑하는 아들을 보내리니 그들이 혹 그는 존대하리라 하였더니(눅 20:13)

하지만 악한 종들의 행실은 이전보다 더 악한 결과를 냈습니다. 결국 주인의 아들까지 죽이고 끝까지 반역을 꾀합니다. 이를 바라보는 주인의 심정은 어떠했을까요?

> 농부들이 그를 보고 서로 의논하여 이르되 이는 상속자니 죽이고 그 유산을 우리의 것으로 만들자 하고 포도원 밖에 내쫓아 죽였느니라 그런즉 포도원 주인이 이 사람들을 어떻게 하겠느냐 와서 그 농부들을 진멸하고 포도원을 다른 사람들에게 주리라 하시니 사람들이 듣고 이르되 그렇게 되지 말아지이다 하거늘(눅 20:14~16)

결국 이 반역한 농부들을 포도원 밖으로 내보내 진멸해버리고, 포도원은 다른 사람들에게 주십니다. 오랫동안 뜨거운 관심과 사랑으로 이어지던 포도원 주인의 수고와 노력은 포기와 실패로 끝나는 것일까요?

악한 종들이 상속자의 아들인 예수님을 죽였습니다. 십자가에 달려 죽으신 예수님은 세상 보기에는 실패한 것 같았습니다. 하지만 예수님은 죽음의 권세를 이기시고 부활하셔서 하나님 나라를 완성해 가십니다. 새 포도원은 기나긴 포도원 역사의 종지부를 찍고, 처음 에덴동산에 베푸셨던 그 은혜와 사랑 가득한 완성된 포도원이 될 것입니다.

사도행전을 통해 나타난 새 포도원

공생애를 시작하신 예수님의 처음 메시지는 "때가 찼고 하나님의 나라가 가까이 왔으니 회개하고 복음을 믿으라(막 1:15)"였습니다. 인간의 범죄로 손상되고 무너진 온 우주와 인류 전체를 다시 온전한 하나님 나라로 회복하시는 엄청난 일을 계획하고 선포하셨지만, 당시 제자들은 그 뜻을 명확히 이해하지 못했습니다. 예수께서는 시작부터 부활 후 40일 동안에도 확실한 많은 증거로 친히 살아나셨음을 사람들에게 직접 보이시며 끝까지 하나님 나라의 일을 말씀하셨습니다. 그러나 공생애 기간 내내 예수님과 동행했던 제자들은 심지어 예수님이 땅에서의 모든 일을 마치고 승천하시는 마지막 순간까지도 그 뜻을 깨닫지 못하고는 이스라엘 나라 타령을 하며 엉뚱한 질문을 했습니다.

> 주께서 이스라엘 나라를 회복하심이 이 때니이까(행 1:6)

하나님 나라를 온전히 회복하시려는 예수님의 계획을 이해하지 못한 제자들에게 마지막 명령을 하시며 하늘로 올라가십니다. 그 이후로 예수께서 보내신 성령의 역사를 통해 예수님의 가르침을 바로 깨닫고 제자들은 복음을 위해 평생을 바치고 순교하며 땅끝까지 복음을 위해 수고합니다.

> 때와 시기는 아버지께서 자기의 권한에 두셨으니 너희가 알 바 아니요 오직 성령이 너희에게 임하시면 너희가 권능을 받고 예루살렘과 온 유대와 사마리아와 땅 끝까지 이르러 내 증인이 되리라 하시니라(행 1:7~8)

예수님과 작별하는 순간까지 하나님 나라를 이해하지 못했던 제자들과 달리 사도 바울은 다메섹으로 가는 길에서 예수님과 만나 앞을 보지 못하던 것이 치유되어 다시 보게 된 직후, 곧바로 예수님은 누구이신지 이해했고 즉시 복음을 전파하는 일을 시작합니다.

> 즉시 사울의 눈에서 비늘 같은 것이 벗어져 다시 보게 된지

라 일어나 침례를 받고 음식을 먹으매 강건하여지니라 사울이 다메섹에 있는 제자들과 함께 며칠 있을새 즉시로 각 회당에서 예수가 하나님의 아들이심을 전파하니(행 9:18~20)

바리새인 중의 바리새인으로 유대 율법을 철저히 지켜온 사람이요, 율법학자이자 최고의 랍비로 존경을 받았던 가말리엘의 제자요, 로마 시민권자로서 준비된 바울은 직업을 가진 유일한 사도로 전 생애를 하나님께 헌신합니다. 예수를 만난 이후로 평생 주만 바라보고 복음만을 위해 죽도록 충성하다가 결국 로마까지 가서 순교합니다.

예수님의 제자들과 사도 바울의 순교의 피는 예루살렘과 온 유대와 사마리아와 땅끝까지 복음을 전하고, 오랜 기간 박해를 견디면서 계속 믿음의 공동체와 교회를 세우고 확장해나갑니다. 이스라엘은 기원후 70년경 멸망하지만, 결국 313년에 로마가 기독교를 국교로 승인되는 열매를 거둡니다.

예루살렘에서 시작되어 주변 이방인에게 전해지고 아시아와 터키, 그리스, 로마를 거쳐 결국 온 세상으로 펼쳐진 예수 그리스도의 복음은 전 세계를 돌고 돌아 동방의 작은 반도에 사는 우리에게까지 이어집니다. 하나님의 놀라운 계획과 헤아릴 수 없는 은혜입니다.

하나님 나라 요소로 요약한 이스라엘 역사

하나님 나라 포도원 이야기를 구약 일곱 시대의 순서대로 요약하면 다음과 같습니다.

	창조 시대	족장 시대	애굽 체류	가나안 정복 시대	사사 시대	왕국 시대	포로 시대
국민	아담, 하와	아브라함, 그 후손들	이스라엘 백성 (노예 신분)	이스라엘 백성 (자유인)	이스라엘 백성	독립국가 이스라엘 백성	이스라엘 백성 (포로 신분)
영토	에덴 동산	갈대아 우르 → 가나안	애굽 고센땅	가나안	가나안	이스라엘 왕국 영토	뿔뿔이 흩어짐
주권	하나님	하나님	애굽왕 파라오	하나님	각자 소견대로 (이방신 혼합)	하나님 vs 왕(우상)	앗수르, 바벨론, 바사

하나님 나라는 그 왕국을 구성하는 국민, 그들이 살아가는 영토 그리고 그들에게 미치는 통치권으로 이루어져 있습니다. 중요한 것은, 국민과 영토가 비록 달라졌더라도 그들이 누구에게 (무엇에게) 다스림을 받는가에 따라 하나님 나라의 질적 수준이 결정된다는 것입니다. 비록 포로 신분이었지만 그들이 하나님께 집중하고, 하나님의 다스림을 받고자 할 때 하나님은 기꺼이 그들의 왕이 되어주시고 축복하셨습니다.

하지만 젖과 꿀이 흐르는 가나안 땅에서 온갖 풍요를 누리고 안정적인 삶을 시작했어도 점차 가나안의 이방신을 받아들이며 하나님을 떠났을 때 그들은 하나님 없는 극히 혼란스럽고 엽기적인 시대를 수백 년 동안이나 살아가게 됩니다. 내 형편이 어떠하며, 어떤 환경에서 살아가는가도 물론 하나님의 뜻을 펼치는 데에 큰 영향을 미칩니다. 그러나 가장 중요한 것은 '내가 누구의 길로 가고 있는가?'입니다. 나는 그리스도께서 가신 길을 따라 걷는지, 아니면 세상의 길에 들어서서 하나님의 다스림을 거부하며 자기 소견대로 살아가는지를 확인해야 합니다.

기름진 옥토에 극상품 포도나무를 심으시고 최고의 열매를 기대하시던 하나님을 배반한 이스라엘 역사는 구약성경 내내 이어집니다. 결국 포도원의 주인 행세를 하던 일꾼들은 모두 내쫓기고 다른 사람에게 포도원이 넘겨집니다. 포도원의 악한 종들이 메시아로 오신 예수 그리스도를 죽였을 때 이스라엘에게 허락하셨던 모든 권리를 빼앗아 이방인들에게 나누어 주셨습니다.

하나님 나라의 포도원 이야기는 끝나지 않고 우리 인생에까지 이어지고 있습니다. 우리는 모두 각자의 인생, 가정, 교회, 학교, 직장에 하나님 나라 포도원의 극상품 포도나무로 심겼습니다.

각자가 속한 현재의 영토로부터 앞으로 하나님께서 인도하시고 확장해가실 땅끝까지, 앞장서서 하나님의 포도원을 확장해야 합니다. 우리가 가는 곳마다 하나님의 주권이 펼쳐지도록 기도하며 수고해야 하겠습니다. 또한 보냄 받은 곳마다 주인이 애쓰시고 가꾸신 대로, 주인의 기대에 합당한 최고의 포도 열매를 맺어드리는 모두가 되길 바랍니다.

핵심, 꼭 기억합니다!

예수님의 재림으로 완성될 새 하늘과 새 땅, 즉 온전한 하나님 나라가 임하기 전이라도 우리는 이 땅에서 하나님 나라를 확장하며 살 수 있습니다. 하나님 나라도 질적인 부분과 양적인 부분을 나누어 생각할 수 있습니다. 내 일상을 하나님의 통치가 머물러 있는 삶으로 선포했더라도 삶의 구석구석을 살핀다면 여전히 하나님 뜻을 거스르는 영역이 있을 것입니다. 이때 질적으로 내 안에서 하나님의 통치권을 넓혀 나가는 일 또한 하나님 나라의 확장으로 볼 수 있습니다.

가정에서는 아직 믿지 않는 가족을 전도해 양적으로도 하나님 나라를 개척하고, 하나님 사랑의 계명을 실천함으로 질적으로도 성장한 하나님 나라를 확장해가는 노력을 기울여야 합니다. 학교에서 직장에서 믿지 않는 친구와 동료들을 전도해 양적으로도 하나님 나라를 개척해나가고, 이웃 사랑에 힘써 질적으로도 성숙해서 온전한 하나님 나라를 이루어가도록 합니다.

주인이 사랑과 정성을 쏟아 가꾸시는 포도원 이야기는 성경 안에서 마무리된 것이 아닙니다. 지금도 우리를 통해 이 땅 가운데 아름다운 하나님 나라, 즉 포도원을 이어가고 계십니다. 우리를 극상품 포도나무로 택하시고 아름다운 이 세상, 하나님의 포도원에 심으셨습니다. 우리 인생에서 하나님 앞에 최고의 열매를 맺어 드려야 합니다. 학교와 직장 그리고 가는 곳마다 풍성한 열매, 주인께서 기뻐하시는 최고의 포도 열매를 맺으므로 이 땅에서 하나님 나라를 계속 확장해나가기를 바랍니다.

마음에 길을 내는 질문

2부에서 성경적 세계관에 대해 자세히 알아보았습니다. 각 장마다 생각해보고 나누어볼 부분을 따로 모았습니다. 각자가, 가장 좋기로는 소그룹에서 함께 나누며 진리의 길로 함께 나아가시길 바랍니다.

1장 인생의 길을 묻다

1. 가정이나 개인적으로 특별히 어릴 적부터 교육받아 온 가훈이나 신념, 세계관, 가치관이 있습니까? 부모님이 자녀에게 특별히 강조하는 것은 무엇입니까?
2. 인생의 중요한 결정 또는 위기 앞에서 무엇인가 결정해야 할 때 당신은 어떻게 방향을 정합니까? 특별히 조언을 구하는 사람이 또는 방법이 있습니까?

2장 세상을 바라보는 다양한 시각

1. 주변 지인 중에서 다른 세계관을 가진 사람들이 있습니까?

그들과 예수님, 교회, 신앙, 믿음에 대해 이야기를 나눈 적이 있습니까? 소통이 잘 되었습니까? 어떤 점이 어려웠습니까?

2. 서로의 생각이나 가치 또는 의견이 달라서 크게 충돌했던 적이 있습니까? 충돌했던 관계는 나중에 회복이 되었습니까? 어떻게 가능했습니까?
3. 다음 주제로 이야기를 나누며 각자의 생각 차이를 경험해 봅시다.
   - 경제관 - 성장 우선 정책 vs 분배 우선 정책
   - 과학관 - 창조론 vs 진화론
   - 사회 문제 - 난민과 이주민에 대한 찬반 대립
   - 인권 문제 - 양심적 병역거부, 학생인권 조례
   - 동성애 및 동성결혼 문제

3장 창조

1. 자신이 생각하기에 하나님 만드신 것 중에 가장 위대한 작품은 무엇이라 생각합니까?
2. 하나님이 큰 것은 무한히 크게, 작은 것은 엄청나게 작고 세밀하게, 또한 상상하기 어려울 정도로 다양하게, 때로는 그 수가 무한하게, 그렇게 열심히 만드신 이유는 무엇일까요?
3. 우리 삶에서, 가정에서, 일터에서, 교회에서 늘 열심히 일해야 하는 이유는 무엇일까요? 대충하거나 어느 정도 선에

서 만족하지 않고, 치열하게 살고, 탁월한 성과를 내도록 노력해야 하는 까닭은 어디에 있습니까?

4. 하나님께서 지구상 78억 인구 중에 나 한 사람을 세밀히 보호하시고 인도하고 계심을 믿고 있습니까? 이 순간에도, 우주 만물뿐 아니라 우리 각 사람을 세밀히 돌보고 계심을 묵상해봅시다.
5. 하나님 앞에 예배드리는 것이나 선교하는 것, 내게 주신 달란트를 가지고 직장에서 최선을 다해 일하는 것은 중요성 면에서 정말 동일한가요?

4장 타락

1. 내가 만약 아담이었다면 똑같이 타락했을까요? 범죄하지 않을 수 있었을까요?
2. 선악과는 무엇인가요? 유혹의 상징일까요? 저주의 상징일까요? 축복의 상징일까요?
3. 타락의 가장 큰 이유는 무엇이었다고 생각합니까?
4. 오늘도 나는 완전한 자유를 누리며 살아갑니다. 하나님을 거역할 수도, 순종할 수도 있습니다. 지금 나에게 하나님 뜻에 어긋나는 가장 큰 유혹은 무엇입니까?
5. 가정과 교회와 일터에서 유지해오던 아름다운 관계를 방해하고 끊으려 하는 것은 무엇입니까? 우리는 어떻게 그 방해를 이기고 사랑의 관계를 이어갈 수 있을까요?

6. 음악과 목축업과 철기 제작을 통해 세상의 문명을 발전시킨 가인 계열 후손은 세상에 선한 영향을 끼친 부분이 있을까요? 셋 계열의 후손처럼 하나님을 섬기지 않고 오로지 문명과 기술을 발전시킨 일은 세상에 전혀 도움이 되지 않았을까요?
7. 경건한 셋 계열의 후손은 믿음을 이어간 것 외에 문화와 문명의 발전에 대해서는 따로 기술된 부분이 없습니다. 가인의 후손처럼 문명과 기술을 발전시켜 나가는 일을 우리는 어떻게 보아야 할까요?

5장 구속

1. 당시에 많은 이적과 기사를 직접 눈으로 보고 몸으로 체험한 수많은 사람이 왜 예수님을 끝까지 따르지 않았을까요? 왜 하나님이심을 믿지 못했을까요? 우리는 예수님이 하나님이심을 어떻게 확신할 수 있을까요?
2. 아직도 주변에서 배회하며 우는 사자와 같이 삼킬 기회를 찾고 있는 사탄의 세력이 있음을 잊지 않고 있습니까? 지금 내 주변에서, 내 인생에서 사탄이 공격해 들어오기 쉬운 가장 취약한 영역은 어디입니까?
3. 자녀들에게, 후배들에게 꼭 가르치고 싶은 것이 있을 때, 어떤 식으로 전달합니까? 직접 본을 보이며 가르칠 수 있는 것에는 무엇이 있을까요?

4. 자원해서 남에게 베풀었던 선의 중에 가장 손해가 났던 일은 무엇이었습니까? 손해를 감수하고 도운 것이 후회됩니까? 다시 그런 일이 생긴다면 나는 동일한 선의를 베풀 수 있습니까?
5. 가장 높은 곳에서 가장 낮은 곳으로 오셔서 섬김의 도를 온 존재로 가르쳐주신 예수님을 묵상하면서, 나의 태도와 비교해봅시다. 나는 어떤 부분을 결단하겠습니까?

6장 하나님 나라

1. 내 인생에는 하나님이 임재하십니까? 삶의 영역에서 부족한 부분이 있다면 어디입니까? 앞으로 어떻게 온전한 하나님 나라를 이루어갈 계획입니까?
2. 우리 가정은 하나님 나라가 온전히 임하는 영역입니까? 아직 믿지 않는 가족이 있습니까? 하나님 나라가 되기에 부족한 영역은 어떤 부분입니까? 어떻게 해야 할까요?
3. 나의 직장, 학교, 공동체는 하나님 나라가 온전히 임하는 영역입니까? 이곳이 하나님 나라가 되기 위해 나는 어떻게 해야 할까요?
4. 내 주변에서 하나님 나라와 가장 가까운 곳은 어디입니까? 가장 먼 곳은 어디입니까?
5. 내 인생에 펼쳐진 포도원(하나님 나라)은 어떤 상태입니까? 주인이 원하는 좋은 열매가 맺힌 부분은 어느 곳입니까?

들포도가 맺혀 부족한 부분은 어느 곳입니까?

6. 내 주변에서 하나님께서 맡기기 원하시는 포도원이 있습니까? 그 포도원은 양적인 확장이 필요합니까? 특별히 마음에 품고 전도할 대상, 기도하는 선교지는 있습니까? 앞으로 내 인생을 통해 어떻게 하나님 나라를 확장해나가야 할까요?
7. 지금 내가 속한 가정과 교회와 공동체의 포도원에서 질적 성장이 필요한 곳은 어디입니까? 이것을 어떻게 이루어가야 할까요?

나가는 글

모두가 신과 직접 만나는 길을 꿈꾸며

특별히 관심 있지 않은 일은 버티고 버티다가 마지못해 등 떠밀려 마무리하는 게으른 스타일입니다. 이 책의 시작이 그러했습니다. 처음에 CBMC의 강북비전지회 조찬모임에서 강사 목사들의 바쁜 일정으로 중간중간 빈틈이 생길 때 설교를 대신하곤 했습니다. 목사도 아니고 신학을 공부한 적도 없는 작은 벤처회사 사장의 가벼운 설교가 재미있으셨는지 일정에 차질이 생길 때마다 설교 기회가 주어지다가, 결국 매달 정기적인 시간이 배정되었습니다.

한 달에 설교 한 번 준비하기도 얼마나 어려운지, 목회자들의 노고와 고생을 체감했습니다. 사업도 바쁜데, 콘텐츠가 바닥나 여러 달 설교 분량을 한 번에 준비하려고 잔꾀를 부리다가 학생 시절 IVF(한국기독학생회)에서 성경적 세계관 교육을 받았던 기억이 떠올랐습니다. 30년 가까이 지났지만, 당시 정리했던 노트를 찾아내고, 세계관 관련 신간을 찾아 읽었고, 무엇보다 성경을 많이 읽었습니다. 처음에는 4시간짜리로 준비했는데 살을 붙이고 보완할 내용을 추가해 10시간 세미나가 완성되었습니다. 그 이후로 CBMC뿐 아니라 제가 다니는 교회 청년회, 40대 예배, 후배가 섬기던 교회 등에서 설교와 세미나 요청이 계속 이어지고 있습니다.

거의 1년간 이어진 세미나를 잘 마쳤더니, 이번에는 내용을 책으로 써달라는 요구가 많았습니다. 어찌 보면 관련 교육과 세미나도 많고, 좋은 책도 수없이 많은데 왜 굳이 나에게 책을 써 달라고 할까 의문이 들었지만, 실제로 쓸 생각은 없었습니다. 여러 좋은 책을 소개하며 그게 훨씬 효과적이라고 완곡히 거절했습니다. 하지만 어떤 분은 자신도 세미나에 참석해서 들어보고 여러 책을 읽어보았는데 대부분 깊이가 있어 한 번에 이해하기 쉽지 않았다고 합니다. 제가 준비한 세미나처럼, 전문가가 아닌 평신도 관점에서 요약하고 정리한 쉬운 내용으로 평신도를 위해 공감 가고 재미있는 책을 써달라는 요구가 많았습니다. 제 세미나 내용을 중심으로 그대로 정리하기만 하면, 처음 성경을 대하는 평신도와 새신자에게 꼭 필요한 책이 될 것이라고 설득하며 강권했습니다.

그 무렵, 기독교적 세계관 관련 북 토크 행사에 참여했을 무렵이었습니다. 한 방청객이 패널 교수에게 기독교 세계관은 내용이 참 좋은데 일반인이 읽고 이해하기에 어려움이 있으니 좀 쉬운 내용의 책을 출간해달라는 내용으로 건의를 했습니다. 그 교수는 학자에게는 학자의 소임이 있고 일선에서 학생과 후배들을 지도하는 것은 그 나름의 영역이 따로 있다고 하셨습니다. 그러면서 여러분이 만나는 대상에 맞는 책이나 교육은 각자가 직접 담당하는 것이 좋겠다는 답변을 주시며, 각자의 현장에서는 오히려 여러분이 더 적임자라고 답변하셨습니다.

그 이후로 혹시 이 일이 하나님께서 나에게 원하시는 일일지 모른다는 생각으로, 읽었던 책과 세미나 내용을 추가하고 요약해 이 책에 정리하였습니다. 오랫동안 교회를 다녔더라도 성경 전체를 직접 읽고 자신의 관점에서 묵상해보지 않은 분들에게 핵심을 요약해주며 성경의 프레임을 든든히 갖추는 입문서가 되기를 기대합니다. 아울러 성경 말씀에 대한 이해가 있고 오랫동안 신앙생활을 해온 분들에게는 첫사랑을 기억하며 말씀으로 다시 돌아가 하나님과 깊은 교제를 다시 시작하도록 이끌어주는 계기가 되기를 기대합니다. 청소년, 청년을 지도하시는 분과 자녀를 말씀으로 가르치길 원하는 부모에게 꼭 필요한 참고서와 안내서가 되기를 기대합니다.

이 책을 읽고 성경 통독으로 이어가시길 제안합니다

이 책을 읽고 나서, 말씀을 사모하는 마음이 솟아나기를 바라며, 성경을 펼쳐 통독을 시작하시길 제안합니다. 말씀을 읽으면서 자신만의 색깔을 입힌 세계관을 정리해나가길 바랍니다. 삶의 경험을 중심으로 자신만의 스토리를 만들어가면 좋겠습니다.

리더로 준비해주시길 제안합니다

혼자 읽고 혼자 은혜받는 것에서 그치지 말고 리더로서 준비해주시길 제안합니다. 코로나19로 교회 모임이 크게 위축되고 있습니다. 이러한 상황은 쉽게 종료되지 않을 것이고, 종식된 후에도 언제든지 다른 모양의 바이러스가 반복될 수 있습니다. 나 혼자 은혜받지 말고, 주변에 사랑하는 자녀, 형제, 자매, 후배들에게 언제든지 나눌 수 있도록 준비해가시길 부탁드립니다. 소그룹 모임을 위해서는 리더의 희생과 헌신이 필요합니다. 한걸음 앞서나갈 리더가 필요합니다. 당신도 할 수 있으며 바로 당신이 주인공입니다.

소그룹 모임을 만들어 나누어가시길 제안합니다

주변을 보면 군중 속의 고독을 느끼며 말씀을 갈망하는 사람이 많습니다. 대중과 함께 예배드리지만, 늘 외롭고, 적극적으로 나서지 못하는 소심한 분들이 의외로 많습니다. 먼저 손을 내밀어 함께 소그룹을 만들어가십시오.

처음부터 성경을 읽을 준비가 되면 좋겠지만, 혹시 준비가 덜 되어있다면 이 책을 읽고 서로 나누며 성경을 직접 읽어나가는 데 도움을 받을 수 있습니다. 이 책의 2부 내용을 장별로 6주간 또는 '창조 - 타락 - 구속 - 하나님 나라'를 둘로 쪼개어 10주간 읽고, 나누면서 준비 기간을 가지셔도 좋습니다.

소그룹 안에서 지속해서 말씀과 기도로 성장해가시길 제안합니다

이후로 성경을 함께 읽고, 삶을 공유하며, 기도의 제목들을 나누며 진정 사랑이 넘치는 공동체로 이어져가야 합니다. 결국 나 자신, 내 자녀, 내 이웃의 형제자매를 말씀의 세계로 이끌어가는 일이야말로 진정 하나님 나라를 양적으로 질적으로 확장해나가는 것입니다. 이를 위해 시간을 나누고, 재능을 나누고 삶을 나누어 준비하며 헌신하는 삶! 이것이 바로 진정 크리스천이 갖추어야 할 강력한 프레임이 아닐까요?

참고서적

- 김기홍, 《이야기 교회사》, 두란노, 1993
- 데이빗 A. 노에벨, 류현진·류현모 역, 《충돌하는 세계관》, 꿈을이루는사람들, 2013
- 데이비드 노글, 박세혁 역, 《세계관 그 개념의 역사》, 도서출판CUP, 2018
- 리 스트로벨, 윤종석 역, 《기적인가 우연인가》, 두란노, 2018
- 리차드 미들톤·브라이언 왈쉬, 황영철 역, 《그리스도인의 비전》, IVP, 1990
- 막스 베버, 박성수 역, 《프로테스탄티즘 윤리와 자본주의 정신》, 문예출판사, 1988
- 빌더 슈미트, 조은호 역, 《하나님은 왜 악을 허용하시는가?》, IVP, 1989
- 성기호, 《이야기 조직 신학》, 엠북스, 2009
- 송인규, 《나의 주 나의 하나님》, IVP, 2014
- 송인규, 《새로 쓴 기독교, 세계, 관》, IVP, 2008
- 스티븐 호킹·레오나르드 믈로디노프, 전대호 역, 《위대한 설계》, 까치, 2010
- 알버트 월터스·마이클 고힌, 양성만·홍병룡 역, 《창조 타락 구속》, IVP, 2007
- 양승훈, 《기독교적 세계관》, 도서출판CUP, 1999
- 유기성, 《예수님의 사람》, kmc, 2006
- 유발 하라리, 조현욱 역, 《사피엔스》, 김영사, 2015

- 윤동철, 《새로운 무신론자들과의 대화》, 새물결플러스, 2014
- 조병호, 《성경과 5대 제국》, 국제성경통독원, 2011
- 정소영·이연임, 《고전이 알려주는 생각의 기원》, 도서출판 렉스, 2020
- 제임스 사이어, 김헌수 역, 《기독교 세계관과 현대사상》, IVP, 2007
- 팀 켈러, 최종훈 역, 《일과 영성》, 두란노, 2013

북큐레이션 • 삶 속에서 깊은 은혜를 느낄 수 있는 passover의 책

《프레임 수업》과 함께 읽으면 좋은 책. 막막한 현실이 답답하고 힘들 때 하늘에 소망을 두며 살아간다면, 세상을 보는 시선이 달라집니다.

흔드시는 하나님 세우시는 하나님

박종렬 지음 | 13,800원

세상의 딥 체인지(Deep Change)!
인생의 전환점 앞에서 하나님 음성 듣기

하나님의 사람에게 고통은 실로 은총의 통로다. 고통을 통해 자기를 제대로 알게 되고, 지금까지의 삶의 태도와 마음가짐을 바꾸어 '위대한 전환점' 앞에 서기 때문이다. 이 책은 흔들리는 내 인생을 총체적으로 점검하려는 성도에게 생각할 거리를 던져준다. 내가 만난 고난을 오히려 인생의 패러다임을 바꾸는 계기로 삼고, 흔들리지 않는 하나님의 관점에서 삶을 새롭게 재편하려는 성도들에게 맞춤형 묵상을 제공할 것이다. 본질만 남고, 모든 것이 흔들리고 변화하는 이 시대, 위대한 전환을 준비하시는 하나님의 계획에 귀를 기울여보자.

WELOVE FOREVER 위러브 포에버

위러브 크리에이티브팀 지음 | 16,000원

15만 팔로워, 유튜브 조회수 3,600만 뷰!
WELOVE, 가장 힙한 크리스천 문화를 선도하다

〈공감하시네〉, 〈시간을 뚫고〉 등 발매하는 곡마다 멜론, 지니뮤직 등 음악 사이트 CCM 장르를 석권해, 요즘 10대, 20대 크리스천들에게 가장 뜨거운 팀, WELOVE가 책을 출간했다! WELOVE가 가지고 있는 콘텐츠를 더욱 많은 사람들과 나누기 위해 만든 책 《WELOVE FOREVER》는 그동안 많은 사랑을 받았던 WELOVE의 찬양과 메시지, 공개되지 않은 새로운 메시지 그리고 톡톡 튀는 WELOVE 감성 가득한 팬페이지까지 담았다. 특별히 WELOVE가 주는 감동을 더욱 깊게 느끼고 싶다면 이 책을 소장하길 강력 추천한다!

과학, 창세기의 우주를 만나다

제원호 지음 | 14,000원

갑론을박이 팽팽한 과학과 기독교,
그 사이에서 명쾌하게 해답을 내리다

우리에게 너무나 익숙한 '빅뱅 이론'은 현재까지 우주의 탄생을 설명하는 가장 대중적인 이론이다. 그러나 신학자들은 성경이 말하는 하나님의 창조를 통해 6일 동안 세상이 만들어졌다고 한다. 이 두 집단의 주장 대립은 오랜 시간 동안 지속되어 왔다. 이 책은 기독교인과 과학인 사이에 일어나는 논쟁들 가운데 대표적인 부분을 연구해, 과학적으로 이해할 수 없던 성경의 창조 원리를 논리적으로 설명했다. 오랫동안 과학자로서 신앙을 연구해온 제원호 교수의 논리적인 설명을 차근차근 읽어가다 보면, 상호 보완하는 두 이론을 이해하게 될 것이다.

당신이 새롭게 믿는다면

박광리 지음 | 14,800원

'사랑 부재' '공감 부재' '참신앙 부재'의 시대
힘들고 지친 그리스도인을 향한 회복과 위로의 메시지!

'가나안 성도', '선데이 크리스천', '전도 거부 카드'. 한국 교회가 처한 현실을 단적으로 보여주는 현상들이다. 이런 시대 속에서 방향을 상실한 그리스도인과 교회는 무엇을, 어떻게 해야 할까? 개혁신앙의 참모습에 근거한 신선한 목회와 사역으로 '맑은 물'을 공급하며 기독교계에 새로운 힘을 불어넣고 있는 '우리는교회' 박광리 목사는 예배는 형식과 장소에 구애받지 않고 삶 전체로 드리는 것이며, 전도는 그리스도의 증인이 되는 것임을 말한다. 그때 비로소 우리는 '세상 속 참 그리스도인'으로 거듭날 것이다.